Gotthold Ephraim Lessing, S. Mindalov

Fabeln in drei Bücher

Gotthold Ephraim Lessing, S. Mindalov

Fabeln in drei Bücher

ISBN/EAN: 9783744628655

Hergestellt in Europa, USA, Kanada, Australien, Japan

Cover: Foto ©ninafisch / pixelio.de

Weitere Bücher finden Sie auf **www.hansebooks.com**

G. E. Lessing's Fabeln

in drei Büchern.

Deutscher Text

mit interlinearer russischer Uebersetzung

für

Lehrer, Schulen und Selbstunterricht

bearbeitet

von

Dr. S. Mindaloff.

БАСНИ Г. Э. ЛЕССИНГА

ВЪ ТРЕХЪ КНИГАХЪ.

НѢМЕЦКІЙ ТЕКСТЪ

СЪ ПОДСТРОЧНЫМЪ РУССКИМЪ ПЕРЕВОДОМЪ

ДЛЯ УЧИТЕЛЕЙ, УЧЕНИКОВЪ И САМООБУЧЕНІЯ.

СОСТАВИЛЪ

Д-рЪ С. МИНДАЛОВЪ.

Leipzig.

Verlag von Gustav Hässel (Voß' Sortiment).

1885.

Erklärungen der Zeichen und Ab-
kürzungen.

Изъясненіе знаковъ и сокра-
щеній.

1) va. bedeutet verbum auxiliare
(Hilfszeitwort).

2) [ ] Diese Klammern enthalten die-
jenigen Wörter, welche im Russischen
supplirt (gedacht) werden müssen.

3) ( ) Die Wörter zwischen diesen
Klammern sind eine genaue Uebersetzung
aus dem Deutschen, werden aber im
Russischen übergangen.

4) ◄█ Der Pfeil zeigt an, daß das
deutsche Wort mit dem von ihm getrennten
Zeitworte in Verbindung steht.

5) — vertritt das als Prädicat ge-
brauchte Hilfszeitwort „ist".

Изъясненіе знаковъ и сокра-
щеній.

1) va. означаетъ verbum auxiliare
(глаголъ вспомогательный).

2) [ ] Эти скобки содержатъ слова,
которыя слѣдуютъ въ русскомъ языкѣ
подразумѣвать.

3) ( ) Слова между такими скобками
передаютъ значеніе нѣмецкихъ словъ,
опускаемыхъ въ русской рѣчи.

4) ◄█ Стрѣлкою обозначается то
нѣмецкое слово (приставка), которое
принадлежитъ къ отдѣленному отъ
него глагола.

5) — Черта ставится вмѣсто ска-
зуемаго есть.

Lessings Fabeln
Лессинга   Басни

in drei Büchern.
въ трехъ книгахъ.

Erstes Buch.
Первая книга.

———

1. Die Erscheinung.
Провидѣніе.

In der einsamsten Tiefe jenes Walbes, wo ich schon
Въ самой уединненой глубинѣ той рощи, гдѣ я уже

so manches Thier belauscht, lag ich an einem sanften Wasser=
нѣкотораго звѣря подслушалъ, лежалъ я близь тихо журчавшаго водо-

falle unb war bemüht, einem meiner Märchen ben leichten
пада и старался, одной изъ моихъ сказочекъ легкій

poetischen Schmuck zu geben, in welchem am liebsten zu
поэтическій нарядъ придать, въ которомъ наиболѣе пріятно

erscheinen La Fontaine bie Fabel fast verwöhnt hat. Ich
являться Лафонтенъ басню почти избаловалъ va. Я

sann, ich wählte, ich verwarf, bie Stirne glühte — — Um=
размышлялъ, я выбиралъ, я отвергалъ, лобъ горѣлъ На-

sonst, es kam nichts auf bas Blatt. Voll Unwill sprang ich
прасно, (не) являлось ничего на листѣ (бумаги). Полный досады вскочилъ я

auf; aber sieh! — auf einmal stanb sie selbst, bie fabelnbe
но вотъ! вдругъ предстала она сама, басенница

Muse, vor mir.
Муза, предо мною.

Unb sie sprach lächelnb: Schüler, wozu biese unbankbare
И она сказала улыбаясь: Ученикъ, къ чему этотъ неблагодарный

Mühe? Die Wahrheit braucht bie Anmuth ber Fabel; aber
трудъ? Истина нуждается въ прелести басни; но

1

wozu braucht die Fabel die Anmuth der Harmonie? Du
для чего нужна басни прелесть гармоніи? Ты

willst das Gewürze würzen. Genug, wenn die Erfindung
хочешь пряности приправлять пряностями. Довольно, если вымысел

des Dichters ist; der Vortrag sei des ungekünstelten
поэту принадлежитъ; изложеніе да подобаетъ безхитростному

Geschichtschreibers, so wie der Sinn des Weltweisen.
историку, равно какъ и (глубокій) смыслъ — мудрецу.

Ich wollte antworten, aber die Muse verschwand. Sie
Я хотѣлъ отвѣчать, но Муза исчезла. Она

verschwand? höre ich meinen Lehrer fragen. Wenn du uns
исчезла? слышу я моего читателя спрашивать. Если-бъ ты насъ

doch nur wahrscheinlicher täuschen wolltest! Die seichten
однакожь правдоподобнѣе обмануть хотѣлъ! (затѣялъ) Пустые

Schlüsse, auf die dein Unvermögen dich führte, der Muse in
доводы, къ коимъ твое безсиліе тебя привело, Музѣ въ

den Mund zu legen! Zwar ein gewöhnlicher Betrug —
уста вложить! По истинѣ обыкновенный обманъ —

Vortrefflich, mein Leser! Mir ist keine Muse erschienen.
Отлично, мой читатель! Мнѣ никакая Муза (не) явилась.

Ich erzählte eine bloße Fabel, aus der du selbst die Lehre
Я разсказалъ простую басню, изъ которой ты самъ нравоученіе

gezogen. Ich bin nicht der erste und werde nicht der letzte sein,
извлекъ. Я не первый и буду не послѣднимъ,

der seine Grillen zu Orakelsprüchen einer göttlichen Erschei-
который свои фантазіи въ пророческія изреченія божественнаго Видѣ-

nung macht.
нія превращаетъ.

2. Der Hamster und die Ameise.
Хомякъ и Муравей.

Ihr armseligen Ameisen, sagte ein Hamster, verlohnt es sich
Вы жалкіе Муравьи, сказалъ Хомякъ, вознаграждается-ли

der Mühe, daß ihr den ganzen Sommer arbeitet, um ein so
трудъ, что вы цѣлое лѣто работаете, дабы такую

Weniges einzusammeln? Wenn ihr meinen Vorrath sehen
малость собирать? О еслибъ вы мой запасъ видѣть

solltet! — —
могли!

Höre, antwortete eine Ameise, wenn er größer ist, als
Послушай, отвѣчалъ одинъ Муравей, ежели онъ бо́льше, нежели
du ihn brauchst, so ist es schon recht, daß die Menschen
ты въ немъ нуждаешься, то ужо справедливо, что люди
dir nachgraben, deine Scheuern ausleeren, und dich deinen
[до] тебя подкапываются, твои закрома выпорожнаютъ, и тебя (за) твое
räuberischen Geiz mit beinen Leben büßen lassen.
хищное скряжничество твоею жизнью поплатиться заставляютъ.

---

3. Der Löwe und der Hase.
Левъ и Заяцъ.

Ein Löwe würbigte einen drolligen Hasen seiner nähern
Левъ удостоилъ забавнаго Зайца своимъ ближайшимъ
Bekanntschaft. Aber ist es denn wahr, fragte ihn einst
знакомствомъ. А это развѣ правда, спросилъ его однажды
der Hase, daß euch Löwen ein elender krähender Hahn so leicht
Заяцъ, что васъ Львовъ жалкій кричащій пѣтухъ такъ легко
verjagen kann?
прогнать можетъ?

Allerdings ist es wahr, antwortete der Löwe; und es ist
Конечно оно правда, отвѣчалъ Левъ; и это
eine allgemeine Anmerkung, daß wir großen Thiere durchgängig
общее замѣчаніе, что мы большіе звѣри вообще
eine gewisse kleine Schwachheit an uns haben. So wirst du
извѣстную небольшую слабость въ себѣ имѣемъ. Такъ ва. ты
zum Exempel von dem Elephanten gehört haben, daß ihm das
на примѣръ о слонѣ [вѣрно] слышалъ ва. что въ немъ
Grunzen eines Schweins Schauder und Entsetzen erweckt.
хрюканіе свиньи трепетъ и ужасъ возбуждаетъ.

Wahrhaftig? unterbrach ihn der Hase. Ja, nun begreife
Правда-ли? прервалъ его Заяцъ. Да, теперь понимаю
ich auch, warum wir Hasen uns so entsetzlich vor den Hunden
я также, почему мы Зайцы ➡ такъ ужасно собакъ
fürchten.
боимся.

1*

4. Der Esel und das Jagdpferd.
Оселъ и охотничья Лошадь.

Ein Esel vermaß sich mit einem Jagdpferd um die
Оселъ осмѣлился съ охотничьей Лошадью въ

Wette zu laufen. Die Probe fiel erbärmlich aus und der
запуски бѣжать. Опытъ окончился плачевно ◀ и

Esel ward ausgelacht. Ich merke nun wohl, sagte der Esel,
Оселъ былъ осмѣянъ. Я замѣчаю теперь хорошо, сказалъ Оселъ,

woran es gelegen hat; ich trat mir vor einigen Monaten
въ чемъ это заключалось ва.; я занозилъ себѣ за нѣсколько мѣсяцевъ

einen Dorn in den Fuß, und der schmerzt mich noch.
шипомъ ногу, и она болитъ у меня еще.

Entschuldigen Sie mich, sagte der Kanzelredner Lieberhold,
Извините меня, сказалъ проповѣдникъ Лидергольдъ,

wenn meine Predigt so gründlich und erbaulich nicht gewesen,
если моя проповѣдь такъ основательна и назидательна не была,

als man sie von dem glücklichen Nachahmer Mosheims erwartet
какъ её отъ счастливаго подражателя Мосгейма ожидали

hätte; ich habe, wie Sie hören, einen heisern Hals, und den
бы; я имѣю, какъ вы слышите, охриппее горло, а таковое

schon seit acht Tagen.
уже (съ) восемъ дней.

5. Zeus und das Pferd.
Зевесъ и Конь.

Vater der Thiere und Menschen, so sprach das Pferd
Отецъ звѣрей и людей, такъ сказалъ Конь

und nahte sich dem Throne des Zeus, man will, ich sei eines
и приблизился къ престолу Зевеса, полагаютъ, я будто одно

der schönsten Geschöpfe, womit du die Welt geziert, und
изъ прекраснѣйшихъ твореній, которымъ ты міръ украсилъ, и

meine Eigenliebe heißt mich es glauben. Aber sollte gleichwohl
мое самолюбіе велитъ мнѣ этому вѣрить. Но ➡ все-таки

nicht noch Verschiedenes an mir zu bessern sein?
нѣтъ-ли еще разное (кое-что) во мнѣ чтобы исправить?

Und was meinſt du denn, daß an dir zu beſſern ſei?
И что думаешь ты же, что въ тебѣ исправить слѣдуетъ?

Rede; ich nehme Lehre an, ſprach der gute Gott und
Говори; я принимаю наставленіе ◀◀, сказалъ добрый богъ и

lächelte.
улыбнулся.

Vielleicht, ſprach das Pferd weiter, würde ich flüchtiger
Быть можетъ, сказалъ Конь далѣе, ▶▶ я быстрѣе

ſein, wenn meine Beine höher und ſchmächtiger wären; ein
былъ-бы, ослили-бъ мои ноги повыше и потоньше были;

langer Schwanenhals würde mich nicht verſtellen; eine breitere
длинная лебединая шея ▶▶ меня не обезобразила-бы; болѣе широкая

Bruſt würde meine Stärke vermehren; und da du mich
грудь ▶▶ мою силу увеличила-бы; и такъ-какъ ты меня

doch einmal beſtimmt haſt, beinen Liebling, den Menſchen, zu
однако же предназначилъ vв., твоего любимца, человѣка,

tragen, ſo könnte mir ja wohl der Sattel anerſchaffen ſein,
носить, то могло бы мнѣ, конечно, сѣдло природнымъ быть,

den mir der wohlthätige Reiter auflegt.
которое на меня благодѣтельный всадникъ налагаетъ.

Gut, verſetzte Zeus; gebulbige dich einen Augenblick! Zeus,
Хорошо, возразилъ Зевесъ; потерпи одно мгновеніе! Зевесъ,

mit ernſtem Geſichte, ſprach das Wort der Schöpfung.
съ серьезнымъ лицомъ (видомъ), произнёсъ слово творчества.

Da quoll Leben in den Staub, da verband ſich organiſirter
Тогда заструилась жизнь въ прахѣ, сплотилось органическое

Stoff; und plötzlich ſtand vor dem Throne das häßliche
вещество; и вдругъ сталъ предъ престоломъ безобразный

Kameel.
Верблюдъ.

Das Pferd ſah, ſchauderte und zitterte vor entſetzenbem
Конь увидѣлъ, содрогнулся и затрепеталъ отъ ужасающаго

Abſcheu.
отвращенія.

Hier ſind höhere und ſchmächtigere Beine, ſprach
Вотъ (здѣсь) болѣе высокія и болѣе тонкія ноги, сказалъ

Zeus; hier iſt ein langer Schwanenhals; hier iſt eine breitere
Зевесъ; вотъ длинная лебединая шея; вотъ широкая

Bruſt; hier iſt der anerſchaffene Sattel! Willſt du, Pferd,
грудь; вотъ природное сѣдло! Желаешь-ли ты, Конь,

baß ich dich ſo umbilben ſoll?
чтобы я тебя такъ преобразилъ ◀◀?

Das Pferd zitterte noch.
Конь дрожалъ еще.

Geh, fuhr Zeus fort: biesmal sei belehrt,
Ступай, продолжалъ Зевесъ ◀◀: на этотъ разъ будь вразумленнымъ,

ohne bestraft zu werden. Dich beiner Vermessenheit aber bann
не бывъ наказаннымъ ◀◀. Тебѣ твою дерзость однако по

unb wann reuenb zu erinnern, so baure bu fort, neues
временамъ съ раскаяніемъ чтобы напоминать, такъ оставайся ты ◀◀, новое

Geschöpf — Zeus warf einen erhaltenben Blick auf bas
созданіе — Зевесъ бросилъ охраняющій взоръ на

Kameel — — unb bas Pferd erblicke bich nie,
Верблюда — — и Конь да (не) посмотрятъ на тебя никогда,

ohne zu schaubern.
безъ содраганія.

---

6. Der Affe und der Fuchs.
Обезьяна и Лисица.

Nenne mir ein so geschicktes Thier, bas ich nicht
Назови мнѣ такое ловкое животное, которому я не могъ-бы

nachahmen könnte! so prahlte ber Affe gegen ben Fuchs.
подражать ◀◀! такъ хвастала Обезьяна передъ Лисицею.

Der Fuchs aber erwiberte: Unb bu, nenne mir ein so gering=
Лисица же возразила: А ты, назови мнѣ такое ни-

schätziges Thier, bem es einfallen könnte, bir nachzuahmen.
чтожное животное, которому вздумалось бы тебѣ подражать.

Schriftsteller meiner Nation! — Muß ich mich noch
Писатели моего народа! Долженъ-ли я ▶▶ еще

beutlicher erklären?
яснѣе объясняться?

---

7. Die Nachtigall und der Pfau.
Соловей и Павлинъ.

Eine gesellige Nachtigall fanb unter ben Sängern bes
Общительный Соловей нашелъ между пѣвцами

Walbes Neiber bie Menge, aber keinen Freunb. Vielleicht
лѣса завистниковъ множество, но ни одного друга. Быть можетъ

finbe ich ihn unter einer anbern Gattung, bachte sie, unb
найду я таковаго среди другой породы, думалъ онъ, и

flog vertraulich zu bem Pfaue herab.
полетѣлъ довѣрчиво къ Павлину внизъ.

Schöner Pfau! ich bewunbre bich. — —
Прекрасный Павлинъ! я удивляюсь тебѣ. — —

Ich bich auch, liebliche Nachtigall! —
Я тебѣ также, любезный Соловей!

So laß uns Freunbe sein, sprach bie Nachtigall weiter,
Такъ будемте друзьями ⇒, сказалъ Соловей далѣе,

wir werben uns nicht beneiben bürsen; bu bist bem Auge
мы другъ другу завидовать не должны; ты глазу

so angenehm, als ich bem Ohre.
такъ пріятенъ, какъ я уху.

Die Nachtigall unb ber Pfau wurben Freunbe.
Соловей и Павлинъ сдѣлались друзьями.

Kneller unb Pope waren bessere Freunbe, als Pope unb
Кнеллеръ и Попе были лучшіе друзья, нежели Попе и

Abbison.
Эдписонъ.

---

8. Der Wolf und der Schäfer.
Волкъ и Пастухъ.

Ein Schäfer hatte burch eine grausame Seuche seine
Пастухъ ⇒ отъ свирѣпаго мора свое

ganze Heerbe verloren. Das erfuhr ber Wolf, unb kam seine
цѣлое стадо потерялъ. Это узналъ Волкъ, и пришелъ свое

Conbolenz abzustatten.
соболѣзнованіе выразить.

Schäfer, sprach er, ist es wahr, baß bich ein so grausames
Пастухъ, сказалъ онъ, правда-ли оно, что тебя такое жестокое

Unglück betroffen? Du bist um beine ganze Heerbe gekommen?
несчастье постигло? Ты ⇒ твое все стадо потерялъ?

Die liebe, fromme, fette Heerbe! Du bauerst mich, unb ich
О милое, кроткое, тучное стадо! Ты жаль мнѣ, и я

möchte blutige Thränen weinen.
готовъ бы кровавыми слезами плакать.

Habe Dank, Meister Isegrimm; versetzte der Schäfer.
Прими благодарность, господинъ Изегримъ; возразилъ Пастухъ.

Ich sehe, du hast ein sehr mitleibiges Herz.
Я вижу, ты имѣешь очень сострадательное сердце.

Das hat er auch wirklich, fügte des Schäfers
Это (и) имѣетъ онъ ( ) дѣйствительно, присовокупилъ пастуховъ

Hylax hinzu, so oft er unter dem Unglücke seines
Гилаксъ ◄◄, какъ только [часто] онъ вслѣдствіе несчастья своего

Nächsten selbst leidet.
ближняго самъ страдаетъ.

---

9. Das Roß und der Stier.
Конь и Быкъ.

Auf einem feurigen Rosse floh stolz ein breister Knabe
На бѣшенномъ Конѣ мчался гордо смѣлый мальчикъ

daher. Da rief ein wilder Stier dem Rosse zu: Schande!
◄◄ Тогда закричалъ дикій Быкъ Коню ◄◄: Срамъ!

von einem Knaben ließ ich mich nicht regieren!
мальчику (не) позволю я мною ( ) управлять!

Aber ich; versetzte das Roß. Denn was für Ehre
Но я (позволю); возразилъ Конь. Ибо какую честь

könnte es mir bringen, einen Knaben abzuwerfen?
могло-бы мнѣ принести, мальчика сбросить?

---

10. Die Grille und die Nachtigall.
Кузнечикъ и Соловей.

Ich versichere dich, sagte die Grille zu der Nachtigall, daß
Я увѣряю тебя, сказалъ Кузнечикъ Соловью, что

es meinem Gesange gar nicht an Bewunbrern fehlt. — Nenne
моему пѣнію вовсе нѣтъ въ почитателяхъ недостатка. — Назови

mir sie doch, sprach die Nachtigall. — Die arbeitsamen
мнѣ ихъ однако, сказалъ Соловей. — Трудолюбивые

Schnitter, verſetzte die Grille, hören mich mit vielem Ver=
жнецы, возразилъ Кузнечикъ, слушаютъ меня съ большимъ удо-

gnügen, und daß dieſes die nützlichſten Leute in der
вольствіемъ, и что эти (это) самые полезные люди въ

menſchlichen Republik ſind, das wirſt du doch nicht läugnen
человѣческомъ обществѣ   этого ➡ ты вѣдь ( ) отрицать

wollen?
(не) захочешь?

Das will ich nicht läugnen, ſagte die Nachtigall; aber
Этого (не) желаю я ( ) отрицать, сказалъ Соловей; но

deßwegen darfſt du auf ihren Beifall nicht ſtolz ſein.
ради этого (не) долженъ ты ихъ одобреніемъ ( ) гордиться ва.

Ehrlichen Leuten, die alle ihre Gedanken bei der Arbeit haben,
Честнымъ людямъ, которые всѣ свои мысли при работѣ имѣютъ,

müſſen ja wohl die feinern Empfindungen fehlen. Bilde
должны понстинѣ нѣжнѣйшія чувства недоставать. [Не] воображай

dir alſo ja nichts eher auf dein Lied ein, als bis ihm der
себѣ слѣдовательно ничего прежде о своемъ пѣніи ⬅ пока ему

ſorgloſe Schäfer, der ſelbſt auf ſeiner Flöte ſehr lieblich
безработный пастухъ, который самъ на своей свирѣли очень пріятно

ſpielt, mit ſtillem Entzücken lauſcht.
играетъ, съ безмолвнымъ восхищеніемъ [не] прислушится.

---

11. Die Nachtigall und der Habicht.
Соловей и Ястребъ.

Ein Habicht ſchoß auf eine ſingende Nachtigall. Da
Ястребъ устремился на поющаго Соловья. Такъ-какъ

du ſo lieblich ſingſt, ſprach er, vortrefflich wirſt du ſchmecken!
ты такъ пріятно поешь, сказалъ онъ, превосходно будешь ты (и) на-вкусъ!

War es höhniſche Bosheit, oder war es Einfalt, was
Было-ли это презирающая злость, или было оно глупость, что

der Habicht ſagte?
Ястребъ сказалъ?

Ich weiß nicht. Aber geſtern hört' ich ſagen: dieſes
Я (не) знаю ( ). Но вчера слышалъ я говорящихъ: эта

Frauenzimmer, das ſo unvergleichlich dichtet, muß
женщина, которая такъ безподобно пишетъ стихи, (не) должна-ли

es nicht ein allerliebstes Frauenzimmer sein! Und das war
она ( ) самой милѣйшой женщиной быть! А это было

gewiß Einfalt!
навѣрное глупость!

12. Der kriegerische Wolf.
Воинственный Волкъ.

Mein Vater, glorreichen Andenkens, sagte ein junger Wolf
Мой отецъ, достославной памяти, сказалъ молодой Волкъ

zu einem Fuchse, das war ein rechter Held! Wie fürchterlich
лисицѣ, то-то былъ настоящій герой! Какимъ страшнымъ

hat er sich nicht in der ganzen Gegend gemacht! Er hat
va. онъ себя (не) во всемъ краѣ [им] показалъ! Онъ va.

über mehr als zweihundert Feinde nach und nach triumphirt,
надъ болѣе чѣмъ двумя стами врагами мало-по-малу восторжествовалъ,

und ihre schwarzen Seelen in das Reich des Verderbens
и ихъ черныя души въ царство погибели

gesandt. Was Wunder also, daß er endlich doch
отправлялъ. Что удивительнаго такимъ образомъ, если онъ наконецъ все таки

einem unterliegen mußte! So würde sich ein Leichenredner
одному покориться долженъ былъ! Такъ ➡ надгробный-ораторъ

ausdrücken, sagte der Fuchs; der trockene Geschichtschreiber aber
выразился бы, сказала Лисица; сухой историкъ же

würde hinzusetzen: die zweihundert Feinde, über die er nach
➡ прибавилъ-бы: двѣсти враговъ, надъ которыми онъ мало-

und nach triumphirt, waren Schafe und Esel; und der eine
по-малу восторжествовалъ, были овцы и ослы; и тотъ одинъ

Feind, dem er unterlag, war der erste Stier, den er sich
врагъ, которому онъ покорился, былъ первый быкъ, на к-го онъ ➡

anzufallen erkühnte.
напасть осмѣлился.

13. Der Phönix.
Фениксъ.

Nach vielen Jahrhunderten gefiel es dem Phönix, sich
Послѣ многихъ столѣтій захотѣлось Фениксу, себя

wieder einmal sehen zu lassen. Er erschien, und alle Thiere
еще разъ показать. Онъ явился, и всѣ звѣри

und Vögel versammelten sich um ihn. Sie gafften, sie staunten,
и птицы собрались вокругъ него. Они глазѣли, изумлялись,

sie bewunderten und brachen in entzückendes Lob aus.
удивлялись и разразились восторженною хвалою ←

Bald aber verwandten die besten und geselligsten
Вскорѣ же перемѣнили лучшіе и самые общежительные

mitleidsvoll ihre Blicke und seufzten: Der unglück=
съ полнымъ сожалѣніемъ свои взоры и вздыхая сказали: Несчаст-

liche Phönix! Ihm ward das harte Loos, weder Geliebte
ный Фениксъ! Ему досталась жестокая доля, ни подруги,

noch Freund zu haben; denn er ist der einzige seiner Art!
ни пріятеля имѣть; ибо онъ единственный въ своемъ родѣ!

---

14. Die Gans.
Гусь.

Die Federn einer Gans beschämten den neugebornen
Перья Гуся приводили въ стыдъ новорожденный

Schnee. Stolz auf dieses blendende Geschenk der Natur,
снѣгъ. Гордый этимъ ослѣпительнымъ даромъ природы,

glaubte sie eher zu einem Schwane, als zu dem, was sie
полагалъ онъ скорѣе лебедемъ, нежели тѣмъ, чѣмъ онъ (дѣйствительно)

war, geboren zu sein. Sie sonderte sich von Ihresgleichen
былъ, рожденнымъ быть. Онъ отдѣлился отъ подобныхъ себѣ

ab, und schwamm einsam und majestätisch auf dem Teiche
←, и плавалъ одинокій и величественный на прудѣ

herum. Bald dehnte sie ihren Hals, dessen verrätherischer
туда и сюда. То вытягивалъ онъ свою шею, которой предательскую

Kürze sie mit aller Macht abhelfen wollte. Bald suchte sie
короткость онъ со всею силою устранить хотѣлъ. То старался онъ

ihm die prächtige Biegung zu geben, in welcher der Schwan
ей великолѣпный изгибъ придавать, съ какимъ Лебедь

das würdigste Ansehen eines Vogels des Apollo hat. Doch
почтеннѣйшій видъ птицы Аполлона имѣетъ. Но

vergebens; er war zu steif, und mit aller ihrer Bemühung
тщетно; она была слишкомъ неподатлива, и при всемъ его усиліи

bradhte   fie es nicht weiter, als baß fie eine lächerliche Gans
(не) успѣлъ онъ   (   ) больше, какъ чтобы   смѣшнымъ Гусемъ
warb, ohne ein Schwan zu werden.
сдѣлаться, но   Лебедемъ   сдѣлавшись.

---

15. Die Eiche und das Schwein.
Дубъ   и   Свинья.

Ein gefräßiges Schwein mästete sich unter einer hohen
Обжорливая   Свинья   нажралась   подъ   высокимъ
Eiche mit der herabgefallenen Frucht.   Indem   es   die eine
дубомъ   испавшимъ плодомъ. Между тѣмъ какъ она   однѣ
Eichel zerbiß, verschluckte es bereits eine andere mit dem Auge.
жёлудь грызла,   пожирала   она   уже   другой   глазомъ.
Unbankbares Vieh!   rief   endlich   der   Eichbaum
. Неблагодарная скотина! воскликнулъ наконецъ   Дубъ
herab.   Du nährst dich von meinen Früchten,   ohne
(сверху) внизъ. Ты питаешься   моими плодами, безъ того (чтобы)
einen einzigen bankbaren Blick auf mich in die Höhe zu richten.
единаго признательнаго взгляда на меня   вверхъ обращать.
Das Schwein hielt einen Augenblick inne und grunzte
Свинья остановилась [на]   минуту   ◀◀   и   хрюкала
zur Antwort: Meine bankbaren Blicke   sollten   nicht
въ   отвѣтъ: Мои   признательные взгляды   (не) должны ( )
außen bleiben, wenn ich nur wüßte, baß du beine Eicheln
отсутствовать,   если бъ я только знала,   что ты твои жёлуди
meinetwegen hätteft fallen laffen.
ради меня   тѣ.   уронила.

---

16. Die Wespen.
Осы.

Fäulniß und Verwesung zerstörten das stolze Gebäu eines
Гниль   и   тлѣніе   разрушили   гордый остовъ

friegerifchen Roffes, daß unter feinem kühnen Reiter erfchoffen
воинственнаго Коня, который подъ своимъ смѣлымъ сѣдакомъ застрѣленъ
worden. Die Ruinen des Einen braucht die allezeit wirkfame
былъ. Развалины однаго употребляетъ постоянно дѣйствующая
Natur zu dem Leben des Andern. Und fo floh auch
природа для жизни другаго. И такимъ образомъ вылетѣлъ также
ein Schwarm junger Wespen aus dem befchmeißten Aafe hervor.
рой молодыхъ Осъ изъ загаженной падали ◄◄
O, riefen die Wespen, was für eines göttlichen Urfprungs
О, вскричали Осы, какого божественнаго происхождения
find wir! Das prächtige Roß, der Liebling Neptuns, ift
мы! Великолѣпный Конь, любимецъ Нептуна,
unfer Erzeuger! Die feltfame Prahlerei hörte der aufmerkfame
нашъ родитель! Эту странную похвальбу слышалъ внимательный
Fabeldichter, und dachte an die heutigen Italiener, die fich
баснописецъ, и подумалъ о нынѣшнихъ Итальянцахъ, которые себя
nichts Geringeres, als Abkömmlinge der alten, unfterblichen Römer
не менѣе, какъ потомками древнихъ, безсмертныхъ Римлянъ
zu fein, einbilden, weil fie auf ihren Gräbern geboren
быть воображаютъ, потому-что они на ихъ могилахъ родились.
worden.
◄◄

17. Die Sperlinge.
Воробьи.

Eine alte Kirche, welche den Sperlingen unzählige Nefter
Старая церковь, которая Воробьямъ безчисленныя гнѣзда
gab, ward ausgebeffert. Als fie nun in ihrem neuen
доставляло, была исправлена. Когда она теперь въ своемъ новомъ
Glanze da ftand, kamen die Sperlinge wieder, ihre alten
блескѣ тамъ стояла, возвратились Воробьи ◄◄, свои старыя
Wohnungen zu fuchen. Allein fie fanden fie alle vermauert.
жилища (чтобъ) отыскать. Но они нашли ихъ всѣ замуравленными.
Zu was, fchrieen fie, taugt denn nun das große Gebäude?
На что, вскричали они, годится же теперь это большое здание?
Kommt, verlaßt den unbrauchbaren Steinhaufen!
Пойдемте, оставьте безполезную груду камней!

18. Der Strauß.
Страусъ.

Jetzt will ich fliegen! rief der gigantische Strauß, und
Теперь хочу я летѣть! воскликнулъ огромный Страусъ, и

das ganze Volk der Vögel stand in ernster Erwartung um
все племя птицъ стояло въ страстномъ ожиданіи вокругъ

ihn versammelt. Jetzt will ich fliegen, rief er nochmals;
него собраннымъ. Теперь ➡ я полечу, воскликнулъ онъ вторично;

breitete die gewaltigen Fittige weit aus, und schoß, gleich
развернулъ мощныя крылья широко ⬅, и рванулся, подобно

einem Schiffe mit ausgespannten Segeln, auf dem Boden
кораблю съ распущенными парусами, по землѣ

dahin, ohne ihn mit einem Tritte zu verlieren.
впередъ, безъ того (чтобъ) её на одинъ шагъ потерять.

Sehet da ein poetisches Bild jener unpoetischen Köpfe,
Познайте тутъ поэтическую картину тѣхъ непоэтическихъ головъ,

die ' in den ersten Zeilen ihrer ungeheuren Oden mit stolzen
которыя въ первыхъ строкахъ своихъ предлинныхъ одъ съ гордыми

Schwingen prahlen, sich über Wolken und Sterne zu erheben
крыльями хвастаютъ, ➡ выше облаковъ и звѣздъ подняться

drohen, und dem Staube doch immer getreu bleiben!
грозятъ, и праху (землѣ) однако всегда преданными остаются!

---

19. Der Sperling und der Strauß.
Воробей и Страусъ.

Sei auf deine Größe, auf deine Stärke so stolz, als du
Будь своей величиной, своей силой столько гордъ, сколько

willst; sprach der Sperling zu dem Strauße. Ich bin doch
желаешь; сказалъ Воробей Страусу. Я все-таки

mehr ein Vogel als du. Denn du kannst nicht fliegen; ich
скорѣе птица нежели ты. Ибо ты не можешь летать; я

aber fliege, obgleich nicht hoch, obgleich nur ruckweise.
же летаю, хотя не высоко, хотя только вприпрыжку.

Der leichte Dichter eines fröhlichen Trinkliedes, eines
Легкій поэтъ веселой застольной пѣсни,

kleinen, verliebten Gesanges, ist mehr ein Genie, als der
небольшаго, о любви стиха, болѣе геній, нежели

schwunglose Schreiber einer langen Hermanaide.
тяжелый сочинитель длинной Германіады.

---

20. Die Hunde.
Собаки.

Wie ausgeartet ist hier zu Lande unser Geschlecht!
Какъ выродилась въ здѣшней странѣ наша порода!

sagte ein gereister Pubel. In dem fernen Welttheile,
сказалъ странствовавшій Пудель. Въ отдаленной части свѣта,

welches die Menschen Inbien nennen, da, da giebt es noch
которую люди Индіею называютъ, тамъ, тамъ имѣются еще

rechte Hunde; Hunde, meine Brüder — — ihr werdet mir
настоящія собаки; собаки, мои братья — — вы вы. мнѣ

es nicht glauben, und doch habe ich es mit meinen Augen
въ этомъ не повѣрите, и однако вы. я это моими глазами

gesehen — die auch einen Löwen nicht fürchten, und kühn
видѣлъ — которыя даже Льва не боятся, и смѣло

mit ihm anbinden.
съ нимъ схватываются.

Aber, fragte ben Pubel ein gesetzter Jagbhund, über=
Но, спросила Пуделя степенная охотничья Собака, по-

winden sie ihn denn auch, den Löwen?
бѣждаютъ-ли онѣ его также, Льва?

Ueberwinden? war die Antwort. Das kann ich nun eben
Побѣждать? былъ отвѣтъ. Этого (не) могу я именно

nicht sagen. Gleichwohl, bedenke nur, einen Löwen anzufallen! —
( ) сказать. Все равно, подумай только, на Льва напасть! —

O, fuhr der Jagbhund fort, wenn sie ihn nicht
О, продолжала охотничья Собака <<, если онѣ его не

überwinden, so sind beine gepriesenen Hunde in Inbien — besser
побѣждаютъ, то твои хвалебныя собаки въ Индіи — (не)лучше

als wir so viel wie nichts — aber ein gut Theil bümmer.
насъ ровно вичѣмъ — но значительной долею глупѣе.

21. Der Fuchs und der Storch.
Лисица и Аистъ.

Erzähle mir doch etwas von den fremden Ländern, die
Раскажи мнѣ таки что-нибудь о чужихъ странахъ, которыя
du alle gesehen hast, sagte der Fuchs zu dem weitgereiſten
ты всѣ видѣлъ, сказала Лисица далеко-странствовавшему
Storche.
Аисту.

Hierauf fing der Storch an, ihm jede Lache und feuchte
На это началъ Аистъ ◀◀, ему каждую лужу и мокрый
Wieſe zu nennen, wo er die ſchmackhafteſten Würmer und die
лугъ называть, гдѣ онъ вкуснѣйшими червями и
fetteſten Fröſche geſchmauſet.
жирнѣйшими лягушками наѣдался.

Sie ſind lange in Paris geweſen, mein Herr. Wo ſpeiſet
Вы долго въ Парижѣ пребывали, мой сударь. Гдѣ ѣдятъ
man da am beſten? Was für Weine haben Sie da am meiſten
тамъ наилучше? Какія вина вы тамъ наиболѣе
nach Ihrem Geſchmacke gefunden?
по вашему вкусу нашли?

---

22. Die Eule und der Schatzgräber.
Сова и Искатель кладовъ.

Jener Schatzgräber war ein ſehr unbilliger Mann.
Тотъ Искатель кладовъ былъ очень несправедливый человѣкъ.
Er wagte ſich in die Ruinen eines alten Raubſchloſſes,
Онъ отважился (войти) въ развалины стараго разбойничьяго замка,
und warb da gewahr, daß die Eule eine magere Maus ergriff
и ▶▶ тамъ замѣтилъ, что Сова тощую мышь схватила
und verzehrte. Schickt ſich das, ſprach er, für den philoſophiſchen
и сожрала. Прилично-ли это, сказалъ онъ, философской
Liebling Minervens?
любимицѣ Минервы?

Warum nicht? verſetzte die Eule. Weil ich ſtille
Отчего нѣтъ? отвѣтила Сова. Оттого, что я спокойныя

Betrachtungen liebe, kann ich deswegen von der Luft leben?
размышленія люблю, могу-ли я вслѣдствіе сего воздухомъ жить?

Ich weiß gar wohl, daß ihr Menschen es von euren Gelehrten
Я знаю очень хорошо, что вы люди этого отъ вашихъ ученыхъ

verlangt.
требуете.

---

25. Die junge Schwalbe.
Молодая Ласточка.

Was macht ihr da? fragte eine Schwalbe die geschäftigen
Что дѣлаете вы тамъ? спросила Ласточка суетящихся

Ameisen. Wir sammeln Vorrath auf den Winter; war die
Муравьевъ. Мы собираемъ запасъ на зиму; былъ

geschwinde Antwort.
скорый отвѣтъ.

Das ist klug, sagte die Schwalbe; das will ich auch
Это благоразумно, сказала Ласточка; это хочу я тоже

thun. Und sogleich fing sie an, eine Menge todter Spinnen
дѣлать. И тотчасъ начала она ◄, множество мертвыхъ пауковъ

und Fliegen in ihr Nest zu tragen.
и мухъ въ свое гнѣздо носить.

Aber wozu soll das? fragte endlich ihre Mutter. Wozu?
Но къ чему надо это? спросила, наконецъ, ея мать. Къ чему?

Vorrath auf den bösen Winter, liebe Mutter; sammle doch
Запасъ на злую зиму, любезная мамаша; собирай-ка

auch! Die Ameisen haben mich diese Vorsicht gelehrt.
также! Муравьи ж. меня этой предусмотрительности научили.

O, laß den irdischen Ameisen diese kleine Klugheit,
О, оставь земнымъ Муравьямъ это мелкое благоразуміе,

versetzte die Alte; was sich für sie schickt, schickt sich nicht
возразила старуха; что ▶ для нихъ годится. (не) годится ( )

für bessere Schwalben. Uns hat die gütige Natur ein
для лучшихъ Ласточекъ. Намъ ж. благодѣтельная природа

besseres Schicksal bestimmt. Wenn der reiche Sommer
болѣе счастливую участь назначила. Когда богатое лѣто

sich endet, ziehen wir von hinnen; auf dieser Reise entschlafen
кончается, улетаемъ мы отсюда; на этомъ путешествіи засыпаемъ

wir allgemach, und da empfangen uns warme Sümpfe, wo wir
мы мало-по-малу, а тамъ принимаютъ насъ теплыя болота, гдѣ мы

ohne Bedürfnisse rasten, bis uns ein neuer Frühling zu einem
без нужд почиваем, пока насъ новая весна къ
neuen Leben erweckt.
новой жизни [не] пробудитъ.

24. Merops.
Меропсъ.

Ich muß dich doch etwas fragen, sprach ein junger Adler
Я долженъ тебя однако о чемъ-то спросить, сказалъ молодой Орёлъ
zu einem tiefsinnigen, grundgelehrten Uhu. Man sagt,
глубокомысленному, основательно-ученому Филину. Говорятъ,
es gäbe einen Vogel, mit Namen Merops, der, wenn er in
[будто] есть птица, по имени Меропсъ, которая, когда она въ
die Luft steige, mit dem Schwanze voraus, den Kopf gegen
воздухъ поднимается, хвостомъ впередъ, головою къ
die Erde gekehrt, fliege. Ist das wahr?
землѣ обращенной, летитъ. Это правда-ли?
Ei nicht doch! antwortete der Uhu; das ist eine alberne
Э нѣтъ же! отвѣчалъ Филинъ; это глупая
Erdichtung des Menschen. Er mag selbst ein solcher Merops
выдумка человѣка. Онъ желалъ-бы самъ такимъ Меропсомъ
sein; weil er nur gar zu gern den Himmel erfliegen möchte,
быть; ибо онъ весьма охотно въ небо прилетѣть готовъ-бы,
ohne die Erde auch nur einen Augenblick aus dem Gesichte zu
( ) земли даже только на мгновеніе изъ вида (не)
verlieren.
теряя.

25. Der Pelikan.
Пеликанъ.

Für wohlgerathene Kinder können Eltern nicht zu
Для благовоспитанныхъ дѣтей (не) въ состояніи родители ( ) слишкомъ
viel thun. Aber wenn sich ein blöder Vater für einen aus=
много дѣлать. Но если (себѣ) слабоумный Отецъ для без-

gearteten Sohn das Blut vom Herzen zapfte, dann wirb
пуглаго сына [свою] кровь изъ сердца точитъ, тогда превращается
Liebe zur Thorheit.
любовь въ глупость.

Ein frommer Pelikan, der seine Jungen schmachten
Добродушный Пеликанъ, который своихъ птенцовъ изнемогать
sah, ritzte sich mit scharfem Schnabel die Brust auf und
увидѣлъ, разодралъ себѣ острымъ клювомъ грудь ◄◄ и
erquickte sie mit seinem Blute. Ich bewundere beine Zärtlichkeit,
оживилъ ихъ своею кровью. Я удивляюсь твоей нѣжности,
rief ihm ein Abler zu, unb bejammere beine Blindheit.
вскрикнулъ къ нему Орелъ ◄◄, и оплакиваю твое ослѣпленіе.
Sieh boch, wie manchen nichtswürbigen Kukuk bu unter beinen
Посмотри-ка, какъ нѣсколькихъ недостойныхъ Кукушекъ ты среди твоихъ
Jungen mit ausgebrütet hast!
птенцовъ также выводишь ва.!
So war es auch wirklich; benn auch ihm hatte ber
Такъ [и] было оно ( ) дѣйствительно; ибо и ему ва.
kalte Kukuk seine Eier untergeschoben.
хладнокровная Кукушка свои яйца подсунула.
Waren es unbankbare Kukuke werth, bag ihr Leben so
Были-ли неблагодарныя Кукушки достойны, чтобы ихъ жизнь такъ
theuer erkauft wurde?
дорого куплена была?

---

26. Der Löwe unb ber Tiger.
Левъ и Тигръ.

Der Löwe unb ber Hase, beibe schliefen mit offenen Augen.
Левъ и Заяцъ, оба спятъ открытыми глазами.
Unb so schlief jener, ermübet von ber gewaltigen Jagb,
И [точно] такъ спалъ тотъ (Левъ), утомленный отъ чрезвычайной охоты,
einst vor bem Eingange seiner fürchterlichen Höhle.
однажды передъ (у) входомъ своей страшной пещеры.
Da sprang ein Tiger vorbei unb lachte bes leichten
Тогда прыгнулъ Тигръ мимо и смѣялся надъ (этимъ) легкимъ
Schlummers. Der nichtsfürchtenbe Löwe! rief er.
сномъ. Ничего не страшащійся Левъ! воскликнулъ онъ.
Schläft er nicht mit offenen Augen, natürlich wie ber Hase!
(Не) спитъ-ли онъ ( ) съ открытыми глазами, точно какъ Заяцъ!

2*

Wie der Hafe? brüllte der auffpringende Löwe und war
Какъ Заяцъ? заревѣлъ вскочившій Левъ и (было)

dem Spötter an der Gurgel. Der Tiger wälzte
[схватилъ] насмѣшника за горло. Тигръ валялся

fich in feinem Blute, und der beruhigte Sieger legte fich
въ своей крови, и успокоенный побѣдитель улегся

wieder zu fchlafen.
снова спать.

---

27. Der Stier und der Hirfch.
Волъ и Олень.

Ein fchwerfälliger Stier und ein flüchtiger Hirfch weideten
Неуклюжій Волъ и быстроногій Олень паслись

auf einer Wiefe zufammen.
на лугу вмѣстѣ.

Hirfch, fagte der Stier, wenn uns der Löwe anfallen
Олень, сказалъ Волъ, если на насъ Левъ напасть

follte, fo laß uns für einen Mann ftehen; wir wollen ihn
захочетъ, то давай намъ какъ одинъ человѣкъ держаться; мы ◀◀ его

tapfer abweifen. — Das muthe mir nicht zu, erwiderte
храбро отразимъ. Этого (не) ожидай отъ меня ( ) ◀◀ возразилъ

der Hirfch; denn warum follte ich mich mit dem Löwen in ein
Олень; ибо зачѣмъ мнѣ со Львомъ въ

ungleiches Gefecht einlaffen, da ich ihm ficherer entlaufen
неравную борьбу вступить (пускаться), когда я его вѣрнѣе избѣжать

kann?
могу?

---

28. Der Efel und der Wolf.
Оселъ и Волкъ.

Ein Efel begegnete einem hungrigen Wolfe. Habe Mit=
Оселъ встрѣтилъ голоднаго Волка. Имѣй со-

leiben mit mir, fagte der zitternde Efel; ich bin ein armes
страданіе со мною, сказалъ дрожащій Оселъ; я бѣдное

krankes Thier; sieh nur, was für einen Dorn ich mir in
больное животное; посмотри только, какою колючкою я себѣ
den Fuß getreten habe! —
ногу вдавилъ va.!

Wahrhaftig, du dauerst mich; versetzte der Wolf. Und
Поистинѣ, ты жаль мнѣ; возразилъ Волкъ. И
ich finde mich in meinem Gewissen verbunden, dich von diesen
. я нахожу себя (въ) по моей совѣсти обязаннымъ, тебя отъ этихъ
Schmerzen zu befreien. —
болей (страданій) освободить.

Kaum war das Wort gesagt, so ward der Esel zerrissen.
Едва было слово сказано, какъ былъ Оселъ растерзанъ.

---

29. Der Springer im Schach.
Конь (Скакунъ) Шахматный.

Zwei Knaben wollten Schach ziehen. Weil ihnen ein
Два Мальчика хотѣли въ шахматѣ играть. Такъ-какъ имъ
Springer fehlte, so machten sie einen überflüssigen Bauer
Коня не доставало, то употребили они лишнюю Пѣшку (Мужика)
durch ein Merkzeichen dazu.
посредствомъ (съ) мѣтки для этого.

Ei, riefen die andern Springer, woher, Herr Schritt vor
Эхъ, вскричали остальные Кони, откуда, господинъ Шагъ-за-
Schritt?
Шагомъ?

Die Knaben hörten die Spötterei und sprachen: Schweigt!
Мальчики услышали насмѣшку и сказали: Молчите!
Thut er uns nicht eben die Dienste, die ihr thut?
(Не) оказываетъ-ли онъ намъ ( ) тойже услуги, которую вы оказываете?

---

30. Aesopus und der Esel.
Езопъ и Оселъ.

Der Esel sprach zu dem Aesopus: Wenn du wieder ein
Оселъ сказалъ Езопу: Когда ты опять

Geſchichtchen von mir   außbringſt,   ſo laß mich etwas
сказочку   обо мнѣ произведешь (выдумаешь), то дай мнѣ что-нибудь
recht   Vernünftiges und Sinnreiches ſagen.
дѣйствительно разсудительное и   остроумное сказать.

Dich etwas Sinnreiches! ſagte Aeſop; wie würde ſich das
Тобѣ нѣчто остроумное! отвѣтилъ Езопъ; какъ будетъ  это
ſchicken?   Würde   man nicht ſprechen, du ſeiſt der
соотвѣтствовать? (Не) будутъ-ли   ( )   говорить, [что] ты сталъ
Sittenlehrer, und ich der Eſel?
правоучителемъ, а я   Осломъ?

Zweites Buch.
Вторая книга.

1. Die eherne Bildsäule.
Мѣдная Статуя.

Die eherne Bildsäule eines vortrefflichen Künstlers schmolz
Мѣдная Статуя превосходнаго художника расплавилась
durch die Hitze einer wüthenden Feuersbrunst in einen Klumpen.
отъ жара яростнаго пожара въ одинъ слитокъ.
Dieser Klumpen kam einem andern Künstler in die
Этотъ слитокъ достался (попался) другому художнику въ
Hände, und durch seine Geschicklichkeit verfertigte er eine neue
руки, и своимъ искусствомъ изготовилъ онъ новую
Bildsäule daraus; von der erstern in dem, was sie
статую изъ него; отъ прежней (первой) въ томъ, что она
vorstellte, unterschieden, an Geschmack und Schönheit
представляла (собою) отличную, (но) по вкусу (изяществу) и красотѣ
aber ihr gleich.
( ) ей равную.
Der Neid sah es und knirschte. Endlich be=
Зависть увидѣла это и заскрежетала (зубами). Наконецъ при-
sann er sich auf einen armseligen Trost: Der gute Mann
думала она себѣ жалкое утѣшеніе: Добрый человѣкъ
würde dieses noch ganz erträgliche Stück auch nicht hervorgebracht
этой еще довольно сносной вещи даже не воспроизвелъ-бы
haben, wenn ihm nicht die Materie der alten Bildsäule dabei
va., если-бъ ему ( ) матеріалъ старой Статуи для этого
zu Statten gekommen wäre.
въ помощь (не) пришелъ

2. Hercules.
Геркулесъ.

Als Hercules in den Himmel aufgenommen ward, machte
Когда Геркулесъ въ небо принятъ былъ, отдалъ
er seinen Gruß unter allen Göttern der Juno
(дѣлалъ) онъ свой привѣтствіе (поклонъ) между всѣми богами Юнонѣ
zuerst. Der ganze Himmel und Juno erstaunte darüber. Deiner
сперва. Все небо. и Юнона изумились этому. Твою
Feindin, rief man ihm zu, begegnest du so vorzüg=
непріятельницу, вскричали ему ◀, привѣтствуешь ты такъ предпоч-
lich? Ja, ihr selbst, erwiderte Hercules. Nur ihre
тительно? Да, её самую (именно), возразилъ Геркулесъ. Только ея
Verfolgungen sind es, die mir zu den Thaten Gelegenheit
преслѣдованія они-то, которыя мнѣ къ подвигамъ случай
gegeben, womit ich den Himmel verdient habe.
представили, чѣмъ я небо заслужилъ.
Der Olymp billigte die Antwort des neuen Gottes und
Олимпъ одобрилъ отвѣтъ новаго бога и
Juno ward versöhnt.
Юнона была умиротворена.

3. Der Knabe und die Schlange.
Мальчикъ и Змѣя.

Ein Knabe spielte mit einer zahmen Schlange. Mein
Мальчикъ игралъ съ ручной змѣей. Мой
liebes Thierchen, sagte der Knabe, ich würde mich mit dir
милый звѣрёкъ, сказалъ мальчикъ, я бы ▶ съ тобою
so gemein nicht machen, wenn dir das Gift
такимъ сообщительнымъ не сдѣлался (сталъ), если-бъ у тебя ядъ
nicht benommen wäre. Ihr Schlangen seid die boshaftesten,
не отнятъ былъ. Вы змѣи преподобныя,
unbankbarsten Geschöpfe! Ich habe es wohl gelesen, wie
самыя неблагодарныя творенія! Я вѣ. это точно читалъ, что (какъ)
es einem armen Landmann ging, der eine, vielleicht
одному бѣдному поселянину приключилось, который одну, быть-можетъ

von deinen Urältern, die er halberfroren unter einer Hecke
изъ твоихъ предковъ, каковую онъ полузамершую подъ плетнемъ

fand, mitleidig aufhob, und sie in seinen erwärmenden Busen
нашелъ, сожалѣя поднялъ, и её въ свою согрѣвающую грудь (пазуху)

stedte. Kaum fühlte sich die Böse wieder, als sie ihren
засунулъ. Едва очнулась злодѣйка ◄, какъ она своего

Wohlthäter biß; und der gute, freundliche Mann mußte
благодѣтеля укусила; и добрый, гостепріимный человѣкъ долженъ-былъ

sterben.
умереть.

Ich erstaune, sagte die Schlange. Wie parteiisch eure
Я удивляюсь, сказала Змѣя. Какъ пристрастны ваши

Geschichtschreiber sein müssen! Die Unsrigen erzählen diese
историки быть должны! Наши разсказываютъ эту

Historie ganz anders. Dein freundlicher Mann glaubte, die
исторію совсѣмъ иначе. Твой гостепріимный человѣкъ полагалъ, (что)

Schlange sei wirklich erfroren, und weil es eine von den
змѣя дѣйствительно замерзала, и такъ-какъ это одна изъ

bunten Schlangen war, so stedte er sie zu sich, ihr
пёстрыхъ змѣй была, то засунулъ онъ её къ себѣ, (чтобъ) ей

zu Hause die schöne Haut abzustreifen. War das recht?
(съ ней) дома красивую шкуру содрать. Было-ли это справедливо?

Ach, schweig nur; erwiderte der Knabe. Welcher Undank=
Ахъ, замолчи-ка; возразилъ мальчикъ. Какой неблаго-

bare hätte sich nicht zu entschuldigen gewußt! Recht, mein
дарный va. ◄ ( ) извиниться (не) съумѣлъ! Справедливо, мой

Sohn; fiel der Vater, der dieser Unterredung zugehört
сынъ; вмѣшался отецъ, который этотъ разговоръ слушалъ,

hatte, dem Knaben ins Wort. Aber gleichwohl, wenn du
va. Мальчику въ слово (рѣчь). Но при всемъ томъ, если ты

einmal von einem außerordentlichen Undanke hören solltest,
когда-нибудь о чрезвычайной неблагодарности услышишь,

so untersuche ja alle Umstände genau, bevor du einen
то разслѣди же всѣ обстоятельства подробно, прежде (нежели) ты

Menschen mit so einem abscheulichen Schandflecke brand=
человѣка такимъ гнуснымъ постыднымъ клеймомъ пово-

marken läſſest. Wahre Wohlthäter haben selten Undankbare
рить допустишь. Истинные благодѣтели va. рѣдко неблагодарныхъ

verpflichtet; ja, ich will zur Ehre der Menschheit hoffen, —
одолжали (обязывали); да, я ➡ къ чести человѣчества надѣюсь, —

niemals. Aber die Wohlthäter mit kleinen, eigennützigen
никогда (этого не было). Но благодѣтели съ мелкими, корыстными

Abſichten, bie ſinb es werth, mein Sohn, baß ſie Unbank
видами, эти того достойны, мой сынъ, что они неблагодарность

anſtatt Erkenntlichkeit einwuchern.
вмѣсто признательности получаютъ (пожинаютъ).

---

4. Der Wolf auf dem Todtenbette.
Волкъ на смертномъ одрѣ.

Der Wolf lag in ben letzten Zügen unb ſchickte einen
Волкъ лежалъ въ послѣднихъ издыханіяхъ и бросилъ

prüfenben Blick auf ſein vergangenes Leben zurück. Ich bin
испытующій взглядъ на свою прошедшую жизнь ◀◀ Я

freilich ein Sünder, ſagte er, aber boch, hoffe ich, keiner
несомнѣнно грѣшникъ, сказалъ онъ, но все-таки, надѣюсь я, не одинъ

von ben größten. Ich habe Böſes gethan; aber auch viel
изъ самыхъ большихъ. Я зло дѣлывалъ; но также много

Gutes. Einſtmals, erinnere ich mich, kam mir ein blökenbes
добраго. Однажды, припоминаю (я себя), подошелъ ко-мнѣ блѣющій

Lamm, welches ſich von ber Heerbe verirrt hatte, ſo
ягнёнокъ, который отъ стада отбился (заблудился), такъ

nahe, baß ich es gar leicht hätte würgen können; unb ich
близко, что я его очень легко ѵа. задушить могъ бы; и я

that ihm nichts. Zu eben bieſer Zeit hörte ich bie
[не] сдѣлалъ ему ничего. Въ именно то-же время слушалъ я

Spöttereien unb Schmähungen eines Schaſes mit ber bewunberns=
насмѣшки и брань нѣкой овцы — съ удивленія

würbigſten Gleichgültigkeit an, ob ich ſchon keine
достойнымъ равнодушіемъ (хладнокровіемъ) ◀◀, хотя я никакой

ſchützenben Hunbe zu fürchten hatte.
сторожевой собаки опасаться (не) имѣлъ.

Unb bas Alles kann ich bir bezeugen; fiel ihm
А это все могу я тебѣ засвидѣтельствовать; прервала его

Freunb Fuchs, ber ihn zum Tobe bereiten half, ins
другъ Лисица, которая его къ смерти приготовить помогала,

Wort. Denn ich erinnere mich noch gar wohl anberer Um=
слова (его). Ибо я припоминаю еще очень хорошо прочія об-

ſtänbe babei. Es war zu eben jener Zeit, als bu
стоятельства при семъ. Оно случилось [ ] какъ разъ [въ] то время, когда ты

dich an deinem Beine so jämmerlich würgteſt, daß dir der
(твою) костью такъ плачевно давился, которую тобѣ
gutherzige Kranich hernach aus dem Schlunde zog.
добросердечный журавль потомъ изъ глотки вытащилъ.

---

5. Der Stier und das Kalb.
Волъ и Телёнокъ.

Ein ſtarker Stier zerſplitterte mit ſeinen Hörnern, indem
Сильный Волъ раздробилъ своими рогами, когда
er ſich durch die niedrige Stallthüre brängte, die obere Pfoſte.
онъ черезъ низкія двери хлѣва прорывался, верхій косякъ.
Sieh einmal, Hirte! ſchrie ein junges Kalb; ſolchen Schaben
Посмотри-ка, Пастухъ! вскричалъ молодой Телёнокъ; такого вреда
thu' ich dir nicht. Wie lieb wäre mir es, verſetzte
(не) дѣлаю я тебѣ ( ). Какъ пріятно было-бъ мнѣ это, возразилъ
dieſer, wenn du ihn thun könnteſt! Die Sprache des
сей (Пастухъ), если-бы ты это дѣлать могъ! Слова
Kalbes iſt die Sprache der kleinen Philoſophen.
Телёнка суть слова незначительныхъ философовъ.
Der böſe Bayle! wie manche rechtſchaffene Seele
Злой Байлъ! какъ много (нѣкоторыя) честныхъ душъ
hat er mit ſeinen verwegnen Zweifeln geärgert! — O ihr
т. онъ своими дерзкими сомнѣніями огорчалъ! О вы
Herren, wie gern wollen wir uns ärgern laſſen, wenn jeder
господа, какъ охотно согласны мы насъ огорчать допустили-бы, если-бъ каждый
von euch ein Bayle werden kann!
изъ васъ подобнымъ Байлъ сдѣлаться могъ!

---

6. Die Pfauen und die Krähe.
Павлины и Вороны.

Eine ſtolze Krähe ſchmückte ſich mit den ausgefallenen
Гордая Ворона украсила себя выпавшими

Febern ber farbigen Pfaue, unb mischte sich kühn, als sie
перьями разноцвѣтныхъ Павлиновъ, и вмѣшалась смѣло, когда она

genug geschmückt zu sein glaubte, unter biese glänzenben
достаточно украшенной быть полагала, между этими блистательными

Vögel ber Juno. Sie warb erkannt, unb schnell fielen bie
птицами Юноны. Она была узнана и вскорѣ напали

Pfauen mit scharfen Schnäbeln auf sie, ihr ben be=
Павлины съ (своими) острыми клювами на неё, (чтобы) ей (съ ней) об=

trügerischen Pus auszureißen.
манчивый нарядъ сорвать.

Lasset nach! schrie sie enblich; ihr habt nun all
Оставьте! вскричала она наконецъ; вы имѣете теперь (уже) всё

baß Eurige wieber. Doch bie Pfauen, welche einige von
ваше опять (обратно). Однако Павлины, которые нѣсколько изъ

ben eigenen, glänzenben Schwingfebern ber Krähe bemerkt
собственныхъ, блестящихъ маховыхъ перьевъ Вороны примѣтили,

hatten, versetzten: Schweig, armselige Närrin; auch biese
возразили: Молчи, жалкая дура; даже эти (перья)

können nicht bein sein! — unb hackten weiter.
не-могутъ твоими быть! и клевали (клевать) далѣе (продолжали).

---

7. Der Löwe mit dem Esel.
Левъ съ Осломъ.

Als bes Aesopus Löwe mit bem Esel, ber ihm burch
Когда Езоповъ Левъ съ Осломъ, который ему

seine fürchterliche Stimme bie Thiere sollte jagen helfen,
своимъ страшнымъ голосомъ звѣрей долженъ-былъ ловить помогать,

nach bem Walbe ging, rief ihm eine naseweise
въ лѣсъ отправился, вскричала ему дерзкая (умничающая)

Krähe von bem Baume zu: Ein schöner Gesellschafter!
Ворона съ дерева ⟨⟩: Прекрасный сотоварищъ!

Schämst bu bich nicht mit einem Esel zu gehen? —
(Не) стыдишься-ли ты ( ) [вмѣстѣ] съ Осломъ ходить?

Wen ich brauchen kann, versetzte ber Löwe, bem kann
Того, котораго я употреблять могу, возразилъ Левъ, того могу

ich ja wohl meine Seite gönnen.
я, конечно, моею стороною (сообществомъ) жаловать.

So denken die Großen alle, wenn sie einen Niedrigen
Такъ думаютъ великіе люди всѣ, когда они низшаго

ihrer Gemeinschaft würdigen.
своимъ сообществомъ удостоиваютъ.

---

8. Der Esel mit dem Löwen.
Оселъ со Львомъ.

Als der Esel mit dem Löwen des Aesopus, der ihn statt
Когда Оселъ со Львомъ Езоповымъ, который его вмѣсто

seines Jägerhornes brauchte, nach dem Walde ging,
своего охотничьяго рога употребилъ, въ лѣсъ отправился.

begegnete ihm ein anderer Esel von seiner Bekanntschaft, und
встрѣтился съ нимъ другой Оселъ изъ его знакомыхъ, и

rief ihm zu: Guten Tag, mein Bruder! — Unverschämter!
вскричалъ ему: Добрый день, мой братъ! — Безстыжій!

war die Antwort. —
былъ отвѣтъ. —

Und warum das? fuhr jener Esel fort. Bist du
А почему это? продолжалъ тотъ Оселъ. Развѣ ты

deßwegen, weil du mit einem Löwen gehst, besser als ich?
оттого, что ты со Львомъ идешь, лучше (сталъ) чѣмъ я?

mehr als ein Esel?
больше нежели (обыкновенный) Оселъ?

---

9. Die blinde Henne.
Слѣпая Курица.

Eine blind gewordene Henne, die des Scharrens gewohnt
Ослѣпшая Курица, которая рыться привыкла,

war, hörte auch blind noch nicht auf, fleißig zu scharren.
(не) престала даже слѣпою еще ( ) прилежно рыться.

Was half es der arbeitsamen Närrin? Eine andere sehende
Къ чему служило это трудолюбивой дурѣ? Другая зрячая

Henne, welche ihre zarten Füße schonte, wich nie von ihrer
Курица, которая свои нѣжныя ноги щадила, (не) удалялась никогда отъ ея

Seite, und genoß, ohne zu scharren, die Frucht des Scharrens.
бока и пользовалась, не роясь, плодомъ разгребанія.

Denn so oft die blinde Henne ein Korn aufgescharrt hatte,
Ибо какъ часто слѣпая курица зерно выгребала та,

fraß es die sehenbe weg.
съѣдала его зрячая та

Der fleißige Deutsche macht die Collectanea, die
Прилежный нѣмецъ дѣлаетъ коллекту [матеріала], которой

der witzige Franzose nutzt.
остроумный французъ пользуется.

---

10. Die Esel.
Ослы.

Die Esel beklagten sich bei dem Zeus, daß die
Ослы жаловались Зевесу (Юпитеру), что

Menschen mit ihnen zu grausam umgingen. Unser starker
люди съ ними слишкомъ жестоко обходились. Наша крѣпкая

Rücken, sagten sie, trägt ihre Lasten, unter welchen sie und
спина, сказали они, носитъ ихъ тяжести, подъ которыми они и

jedes schwächere Thier erliegen müßten. Und doch wollen sie
всякое слабѣйшее животное изнемогать должны бы. И однако хотятъ они

uns durch unbarmherzige Schläge zu einer Geschwindigkeit
насъ посредствомъ безжалостныхъ ударовъ къ скорости

nöthigen, die uns durch die Last unmöglich gemacht
принуждать, которая намъ, вслѣдствіе тяжести, невозможной сдѣлалась-

würde, wenn sie uns auch die Natur nicht versagt hätte.
бы, еслибъ въ ней намъ даже природа не отказала-бы.

Verbiete ihnen, Zeus, so unbillig zu sein, wenn
Воспрети имъ, Зевесъ, такъ несправедливо быть (поступать), если

sich die Menschen anders etwas Böses verbieten lassen. Wir
себѣ люди развѣ что-нибудь злое запретить допускаютъ. Мы

wollen ihnen dienen, weil es scheint, daß du uns dazu erschaffen
согласны имъ служить, ибо кажется, что ты насъ на то создалъ

hast; allein geschlagen wollen wir ohne Ursache nicht sein.
та.; однакожъ битыми (не) желаемъ мы безъ причины ( ) быть.

Mein Geschöpf, antwortete Zeus ihrem Sprecher, die Bitte
Мое создание, отвѣчалъ Зевесъ ихъ оратору, просьба

ist nicht ungerecht; aber ich sehe keine Möglichkeit, die
не несправедлива; но я (не) вижу никакой возможности,

Menschen zu überzeugen, daß eure natürliche Langsamkeit keine
людей убѣдить, что ваша природная медленность не есть

Faulheit ist. Und so lange sie dieses nicht glauben, werdet ihr
лѣность. И пока они этому не повѣрятъ, будете вы

geschlagen werden. Doch ich sinne euer Schicksal zu erleichtern. —
биты. Но я помышляю вашу участь облегчить.

Die Unempfindlichkeit soll von nun an euer Theil sein; eure
Безчувственность пусть отнынѣ вашимъ удѣломъ будетъ; ваша

Haut soll gegen die Schläge verhärten und den Arm des Treibers
кожа пусть противъ ударовъ крѣпнетъ и руку погонщика

ermüden. Zeus, schrieen die Esel, du bist allezeit weise und
утомитъ. Зевесъ, воскликнули Ослы, ты всегда мудръ и

gnädig! —
милостивъ!

Sie gingen erfreut von seinem Throne, als dem Throne
Они ушли обрадованными отъ его престола, какъ (отъ) престола

der allgemeinen Liebe.
всеобщей любви.

---

11. Das beschützte Lamm.
Покровительствуемый Ягнёнокъ.

Hylax, aus dem Geschlechte der Wolfshunde, bewachte ein
Гилаксъ, изъ породы волчьихъ собакъ, стерегъ

frommes Lamm. Ihn erblickte Lykodes, der gleichfalls an
кроткаго Ягнёнка. Его увидѣлъ Ликодесъ, который также по

Haar, Schnauze und Ohren einem Wolfe ähnlicher war als
шерсти, мордѣ и ушамъ на Волка болѣе похожъ былъ, нежели

einem Hunde, und fuhr auf ihn los. Wolf, schrie er, was
на Собаку, и бросился на него ◄. Волкъ, вскричалъ онъ, что

machst du mit diesem Lamme? —
дѣлаешь ты съ этимъ Ягнёнкомъ?

Wolf selbst! versetzte Hylax. (Die Hunde verkannten
Волкъ ты самъ! возразилъ Гилаксъ. (Собаки опознались

sich beide.) Geh! oder du sollst erfahren, daß ich sein
◄ обѣ.) Прочь (пошёлъ)! или ты долженъ испытать, что я его

Beschützer bin!
покровитель!

Doch Lykodes will das Lamm dem Hylax mit Gewalt
Однако Ликодесъ хочетъ Ягнёнка у Гилакса насильно

nehmen. Hylax will es mit Gewalt behaupten, und
взять (отнять). Гилаксъ-же желаетъ его силою удержать, и

das arme Lamm — treffliche Beſchützer! — wird darüber
бѣдный Ягнёнокъ — отличные покровители! — былъ вслѣдствіе сего

zerriſſen! —
растерзанъ!

---

12. Jupiter und Apollo.
Юпитеръ и Аполлонъ.

Jupiter und Apollo ſtritten, welcher von ihnen der beſte
Юпитеръ и Аполлонъ спорили, который изъ нихъ лучшій

Bogenſchütze ſei. Laß uns die Probe machen!
стрѣлокъ (изъ лука) былъ бы. Дай намъ пробу (опытъ) дѣлать!

ſagte Apollo. Er ſpannte ſeinen Bogen und ſchoß ſo
сказалъ Аполлонъ. Онъ натянулъ свой лукъ и выстрѣлилъ такъ

mitten in das bemerkte Ziel, daß Jupiter keine Möglichkeit
въ средину отмѣченной цѣли, что Юпитеръ никакой возможности

ſah, ihn zu übertreffen. — Ich ſehe, ſprach er, daß du
(не) видѣлъ его превозойти. — Я вижу, сказалъ онъ, что ты

wirklich ſehr wohl ſchießeſt. Ich werde Mühe haben, es
дѣйствительно весьма хорошо стрѣляешь. Мнѣ трудно будетъ это

beſſer zu machen. Doch will ich es ein andermal verſuchen. —
лучше дѣлать. Но намѣренъ я это иной разъ испытать.

Er ſoll es noch verſuchen, der kluge Jupiter.
Онъ (попытай) долженъ это еще испытать, мудрый Юпитеръ.

---

13. Die Waſſerſchlange.
Водяной Змѣй.

Zeus hatte nunmehr den Fröſchen einen andern König
Зевесъ да, наконецъ, лягушкамъ другаго государя,

gegeben; anſtatt eines friedlichen Klotzes eine gefräßige Waſſer=
далъ; вмѣсто миролюбиваго Чурбана — обжорливаго водянаго

ſchlange.
Змѣя.

Willſt du unſer König ſein, ſchrieen die Fröſche,
Коль хочешь ты нашимъ государемъ быть, кричали Лягушки,

warum verschlingst du uns? — Darum, antwortete die Schlange,
зачѣмъ-же глотаешь (ты) насъ? Затѣмъ, отвѣчалъ Змѣй,

weil ihr um mich gebeten habt. —
что вы обо мнѣ просили va.

Ich habe nicht um dich gebeten! rief einer von den
Я va. ( ) о тебѣ (не) просила! вскричала одна изъ

Fröschen, den sie schon mit den Augen verschlang. — Nicht?
Лягушекъ, которую онъ уже глазами пожиралъ. Нѣтъ?

sagte die Wasserschlange. Desto schlimmer! So muß ich
сказалъ водяной Змѣй. Тѣмъ хуже! Такъ обязанъ я

dich verschlingen, weil du nicht um mich gebeten hast.
тебя проглотить, за то, что ты ( ) обо мнѣ (не) просила va.

14. Der Fuchs und die Larve.
Лисица и Маска.

Vor alten Zeiten fand ein Fuchs die hohle, einen
Въ (пред) древнее время нашла Лисица пустую,

weiten Mund aufreißende Larve eines Schauspielers.
широкій ротъ разѣвавшую Маску комедіанта (актёра).

Welch ein Kopf! sagte der betrachtende Fuchs. Ohne
Что за голова! сказала разсматривавшая Лисица. Безъ

Gehirn und mit einem offenen Munde! Sollte das nicht
мозга и съ открытымъ ртомъ! (Не) должна-ли это ( )

der Kopf eines Schwätzers gewesen sein?
головою болтуна va. быть?

Dieser Fuchs kannte euch, ihr ewigen Redner, ihr Straf=
Это Лисица знала васъ, вы вѣчные говоруны, вы на-

gerichte des unschuldigsten unsrer Sinne!
казаніе самаго невиннаго (изъ) нашихъ чувствъ!

15. Der Rabe und der Fuchs.
Воронъ и Лисица.

Ein Rabe trug ein Stück vergiftetes Fleisch, das der
Воронъ уносилъ кусокъ отравленнаго мясо, которое

erzürnte   Gärtner für die Katzen seines Nachbars hingeworfen
разсердившійся садовникъ для   кошекъ своего сосѣда   бросилъ

hatte, in seinen Klauen fort.
va., въ своихъ когтяхъ ◄◄.

Und eben   wollte er es auf einer alten Eiche verzehren,
И только-что хотѣлъ онъ его на   старомъ дубѣ   съѣсть,

als sich ein Fuchs herbeischlich und ihm zurief: Sei mir ge-
какъ ►► Лисица подкралась и ему закричала: Будь (мнѣ) благо-

segnet, Vogel des Jupiter! — Für wen siehst   du mich
словенна, птица   Юпитера!   За кого (видишь) принимаешь ты меня

an? fragte der Rabe. — Für wen ich dich ansehe? erwiberte
◄◄? спросилъ Воронъ.   За кого я тебя принимаю? возразила

der Fuchs. Bist du nicht der rüstige Abler, der   täglich von
Лисица.   Развѣ ты не   могучій Орелъ, который ежедневно съ

der   Rechten des Zeus auf diese Eiche   herab kömmt, mich
правой (стороны) Зевеса на этотъ дубъ спускается (нисходитъ) меня

Armen zu speisen? Warum verstellst   du dich? Sehe ich
бѣднаго чтобъ кормить?   Зачѣмъ притворяешься ты ◄◄? (Не) вижу я

denn nicht in der   siegreichen   Klaue die erflehte
развѣ ( ) въ   побѣдоносныхъ (твоихъ) когтяхъ   вымаливаемое

Gabe, die mir dein Gott durch dich zu schicken noch fortfährt?
подаяніе, которое мнѣ твой богъ чрезъ тебя   посылать еще продолжаетъ?

Der Rabe erstaunte und freute sich innig, für einen Abler
Воронъ изумился и обрадовался ◄◄ внутренно, за   Орла

gehalten zu werden. Ich muß, dachte er, den Fuchs aus
принимаемымъ быть.   Я долженъ, думалъ онъ, Лисицу изъ

diesem Irrthum nicht bringen. Großmüthig dumm ließ er ihm
этого заблужденія не вывести.   Великодушно глупо бросилъ онъ ей

also seinen Raub herabfallen und flog stolz davon.
поэтому свою дабычу ◄◄   и улетѣлъ гордо оттуда.

Der Fuchs fing das Fleisch lachend auf und fraß es
Лисица схватила   мясо смѣясь ◄◄ и сожрала его

mit boshafter Freude. Doch balb verkehrte sich die Freude in
съ злобною радостью. Но вскорѣ обратилась ◄◄   радость въ

ein schmerzhaftes Gefühl; das Gift fing an zu wirken und
болѣзненное чувство;   ядъ началъ ◄◄ дѣйствовать и

er verreckte. Möchtet ihr euch nie etwas Andres als Gift
она околѣла.   О, еслибъ вы тоже никогда ничего другаго какъ ядъ

erloben,   verdammte Schmeichler!
за похвалу получали, проклятые   льстецы!

16. Der Geizige.
Скряга.

Ich Unglücklicher! klagte ein Geizhals seinem Nachbar.
Я несчастный! жаловался скряга своему сосѣду.

Man hat mir den Schatz, den ich in meinem Garten ver=
У меня сокровище, которое я въ моемъ саду за-

graben hatte, diese Nacht entwendet und einen verdammten Stein
рылъ va, въ эту ночь украли и проклятый камень

an dessen Stelle gelegt.
на его мѣсто положили.

Du würdest, antwortete ihm der Nachbar, deinen Schatz
Ты va, отвѣчалъ ему сосѣдъ, твоимъ сокровищемъ

doch nicht benutzt haben. Bilde dir also ein, der
вѣдь не воспользовался-бы va. [Итакъ] вооброжай себѣ [ ] ◀,

Stein sei dein Schatz; und du bist nichts ̇ ärmer.
камень будто твое сокровище; и ты ничѣмъ не бѣднѣе.

Wäre ich auch schon nichts ärmer, erwiderte der Geizhals;
[Не] будь я даже ничѣмъ не бѣднѣе, возразилъ Скряга;

ist ein Andrer nicht um so viel reicher? Ein Andrer um
(развѣ) другой не настолько богаче? Другой

so viel reicher! Ich möchte rasend werden.
настолько богаче! Я готовъ бѣшенымъ сдѣлаться.

17. Der Rabe.
Воронъ.

Der Fuchs sah, daß der Rabe die Altäre der Götter
Лисица увидѣла, что Воронъ алтари боговъ

beraubte und von ihren Opfern mit lebte. Da dachte er
обкрадываетъ и ихъ жертвами поживляется. Тогда подумала она

bei sich selbst: Ich möchte wohl wissen, ob der Rabe An=
про себя: Я бы очень хотѣла знать, ➤ Воронъ

theil an den Opfern hat, weil er ein prophetischer
долю въ жертвахъ имѣетъ-ли, оттого-что онъ вѣщая

Vogel ist; oder ob man ihn für einen prophetischen Vogel
птица, или же его вѣщею птицею

3*

hält, weil er frech genug ist, die Opfer mit den
считаютъ, потому-то онъ дерзокъ довольно, чтобъ жертвы съ
Göttern zu theilen.
богами раздѣлять.

---

18. Zeus und das Schaf.
Зевесъ (Юпитеръ) и Овца.

Das Schaf mußte von allen Thieren Vieles leiden.
Овца должна была отъ всѣхъ звѣрей многое терпѣть.
Da trat es vor den Zeus und bat, sein Elend zu
Тогда выступила она предъ Зевесомъ и просила, (чтобъ) ея горе
mindern. Zeus schien willig und sprach zu dem Schafe:
уменьшить. Зевесъ казался благосклоннымъ и сказалъ Овцѣ:
Ich sehe wohl, mein frommes Geschöpf, ich habe dich allzu
Я вижу дѣйствительно, мое кроткое творенiе, я va. тебя слишкомъ
wehrlos erschaffen. Nun wähle, wie ich dem abhelfen soll.
беззащитной создалъ. Теперь выбирай, какъ мнѣ это исправить слѣдуетъ.
Soll ich deinen Mund mit schrecklichen Zähnen und deine
Слѣдуетъ-ли мнѣ твой ротъ страшными зубами и твои
Füße mit Krallen rüsten? —
ноги когтями вооружать?
O nein, sagte das Schaf; ich will nichts mit den
О нѣтъ, сказала Овца; я (не) желаю ничего съ
reißenden Thieren gemein haben.
плотоядными звѣрьми общаго имѣть.
Oder, fuhr Zeus fort, soll ich Gift in deinen
Или, продолжалъ Юпитеръ, долженъ я ядъ въ твою
Speichel legen?
слюну впустить?
Ach! versetzte das Schaf; die giftigen Schlangen werden
Ахъ! возразила Овца; ядовитые змѣи va.
ja so sehr gehasset. — Nun was soll ich denn? Ich
вѣдь такъ сильно ненавидимы. — Такъ чтожъ долженъ я (сдѣлать)? Я
will Hörner auf deine Stirne pflanzen, und Stärke deinem
хочу рога на твой лобъ посадить, и крѣпость твоей
Nacken geben.
шеѣ придать.
Auch nicht, gütiger Vater; ich könnte leicht so stößig
Тоже нѣтъ, добрый отецъ; я могла-бы легко такой бодливой

werben, als der Bock. Und gleichwohl, sprach Zeus, mußt
стать, какъ козелъ. И однакожъ сказалъ Юпитеръ, должна
du selbst schaden können, wenn sich Andere dir zu schaden
ты сама вредить имѣть возможность, еслибъ ➡ другіе тебѣ вредить
hüten sollen.
остерегаться должны-бы.

Müßt' ich das! seufzte das Schaf. O so laß
Должна-ли я это (дѣлать)! вздыхала Овца. О, такъ оставь
mich, gütiger Vater, wie ich bin. Denn das Vermögen, schaden
меня, добрый отецъ, какъ я (есмь) теперь. Ибо способность вредить
zu können, erweckt, fürchte ich, die Lust, schaden zu
имѣть возможность возбуждаетъ, боюсь я, охоту, чтобы вре-
wollen; und es ist besser, Unrecht leiden, als Un=
дить; а лучше несправедливость терпѣть, нежели неспра-
recht thun.
ведливость дѣлать.

Zeus segnete das fromme Schaf und es vergaß von
Зевесъ благословилъ кроткую Овцу и она забыла съ
Stund aus zu klagen.
(того) часа ⬅ жаловаться.

---

19. Der Fuchs und der Tiger.
Лисица и Тигръ.

Deine Geschwindigkeit und Stärke, sagte ein Fuchs zu
Твою быстроту и силу, сказала Лисица къ
dem Tiger, möchte ich mir wohl wünschen.
Тигру, хотѣла-бы я себѣ очень пожелать.
Und sonst hätte ich nichts, was dir anstünde?
И кромѣ сего развѣ (не) имѣю я ничего, что тебѣ пригодилось-бы?
fragte der Tiger.
спросилъ Тигръ.

Ich wüßte nichts! — — Auch mein schönes Fell
Я (не) знаю ничего! Даже (не) моя прекрасная кожа
nicht? fuhr der Tiger fort. Es ist so vielfältig als dein
( )? продолжалъ Тигръ ⬅ Она такъ пестра какъ твой
Gemüth, und das Aeußere würde sich vortrefflich zu dem
характеръ, и наружность va. ➡ совершенно (отлично)
Innern schicken.
внутренности соотвѣтствовала-бы.

Eben darum, verſetzte der Fuchs, danke ich recht ſehr
Именно поэтому, возразила Лисица, благодарю я очень-то

dafür. Ich muß das nicht ſcheinen, was ich bin.
за неё. Я (не) должна тѣмъ ( ) казаться, чѣмъ я есмь (дѣйствительно).

Aber wollten die Götter, daß ich meine Haare mit Federn
Но да соизволятъ боги, чтобъ я мою шерсть на перья

vertauſchen könnte!
перемѣнить могла!

---

20. Der Mann und der Hund.
Человѣкъ и Собака.

Ein Mann ward von einem Hunde gebiſſen, gerieth
Человѣкъ былъ Собакою укушенъ, пришелъ

darüber in Zorn und erſchlug den Hund. Die Wunde ſchien
оттого въ гнѣвъ и убилъ Собаку. Рана оказалась

gefährlich und der Arzt mußte zu Rathe gezogen werden.
опасною и докторъ долженъ былъ на совѣтъ приглашенъ быть.

Hier weiß ich kein beſſeres Mittel, ſagte der Empi=
Тутъ (не) знаю я никакого лучшаго средства, сказалъ эмпи-

ricus, als daß man ein Stück Brot in die Wunde tauche
рикъ, какъ чтобы кусокъ хлѣба въ рану обмокнуть

und es dem Hunde zu freſſen gebe. Hilft dieſe ſym=
и оное Собакѣ съѣсть дать. [Коль не] поможетъ это сим-

pathetiſche Cur nicht, ſo — Hier zuckte der Arzt die Achſel.
патическое лекарство ( ), то — Тутъ пожалъ докторъ плечами.

Unglücklicher Jähzorn! rief der Mann; ſie kann nicht
Несчастная вспыльчивость! вскричалъ Человѣкъ; оно не въ силѣ

helfen, denn ich habe den Hund erſchlagen.
помочь, ибо я та Собаку убилъ.

---

21. Die Traube.
Виноградъ.

Ich kenne einen Dichter, dem die ſchreiende Bewunderung
Я знаю поэта, которому шумное удивленіе

feiner kleinen Nachahmer weit mehr geſchadet hat, als die
его   мелкихъ подражателей гораздо больше повредило,   нежели

neidiſche Verachtung feiner Kunſtrichter.
завистливое презрѣніе его   критиковъ.

Sie iſt ja doch   ſauer! ſagte der Fuchs von der Traube,
Онъ   конечно кислый! сказала Лисица о   виноградѣ,

nach der er lange genug vergebens geſprungen war. Das
къ которому   она долго довольно напрасно подскакивала.   Это

hörte ein Sperling und ſprach: Sauer ſollte dieſe Traube?
слышалъ   Воробей и сказалъ: Кислъ-ли   этотъ виноградъ?

ſein? Darnach ſieht ſie mir doch nicht aus! Er flog
Такимъ (не) кажется онъ мнѣ одноко ( ) ◀█! Онъ полетѣлъ

hin, und   koſtete, und fand ſie ungemein ſüß,
къ нему, и попробовалъ (вкусилъ), и нашелъ его необыкновенно сладкимъ,

und rief hundert näſchige Brüder herbei. Koſtet doch!
и подозвалъ сотню лакомыхъ братьевъ ◀█. Побробуйте же!

ſchrie er; koſtet doch! Dieſe   treffliche   Traube
вскричалъ; попробуйте же! Этотъ отличный (превосходный) Виноградъ

ſchalt der Fuchs ſauer. — Sie koſteten Alle, und in wenig
обозвала   Лисица кислымъ.   Они попробовали всѣ, и въ нѣсколько

Augenblicken ward die Traube ſo   zugerichtet, daß nie
минутъ   былъ   Виноградъ такъ обдѣланъ (очищенъ), что никогда

ein Fuchs wieder darnach ſprang.
Лисица опять (болѣе) къ нему (не) подарыгивала.

---

22. Der Fuchs.
Лисица.

Ein verfolgter Fuchs rettete ſich auf eine Mauer. Um
Преслѣдуемая Лисица спаслась   на каменную ограду. Чтобы

auf der andern Seite gut herab zu   kommen,   ergriff
на   другую сторону хорошо ➡ сойти (соскочить), хватилась

er einen nahen Dornenſtrauch. Er ließ ſich   auch glücklich
она за близкій терновый кустъ. Она спустилась дѣйствительно счастливо

daran nieder, nur daß ihn die Dornen ſchmerzlich verwundeten.
чрезъ него внизъ, только что её   шипы больно поранили.

Elende Helfer, rief der Fuchs, die nicht helfen können,
Жалкіе помощники, вскричала Лисица, которые не помочь въ состояніи,

ohne   zugleich zu ſchaden!
[безъ того] чтобы въ тоже время (не) повредить!

23. Das Schaf.
Овца.

Als Jupiter das Fest seiner Vermählung feierte,
Когда Юпитеръ праздникъ своего обрученія торжествовалъ

und alle Thiere ihm Geschenke brachten, vermißte
(совершалъ), и всѣ животныя ему подарки подвесли, не замѣтила

Juno das Schaf. Wo bleibt das Schaf? fragte die Göttin.
Юнона Овцы. Гдѣ остается Овца? спросила богиня.

Warum versäumt das fromme Schaf, uns sein wohlmeinendes
Зачѣмъ замедляетъ кроткая Овца, намъ свой доброхотный

Geschenk zu bringen? Und der Hund nahm das Wort
даръ принести? И Собака взяла слово (начала рѣчь)

und sprach: Zürne nicht, Göttin! Ich habe das Schaf
и говорила: Не гнѣвайся, богиня! Я ва.

noch heute gesehen; es war sehr betrübt und jammerte laut.
еще сегодня видѣла; она была весьма опечалена и жаловалась громко

Und warum jammerte das Schaf? fragte
(во всеуслышаніе). А на что (почему) жаловалась Овца? сказала

die schon gerührte Göttin. Ich Aermste! so sprach es.
уже растроганная богиня. Я бѣднѣйшая! такъ говорила она.

Ich habe jetzt weder Wolle, noch Milch; was werde ich
Я (не) имѣю теперь ни шерсти, ни молока; что ва. я

dem Jupiter schenken? Soll ich, ich allein, leer vor ihm
Юпитеру подарю? Должна-ли я, я одна, съ ничѣмъ предъ нимъ

erscheinen? Lieber will ich hingehen und den Hirten bitten,
явиться? Лучше ва. я пойду и пастуха попрошу,

daß er mich ihm opfere! Indem drang mit
чтобы онъ меня ему принесъ въ жертву! Въ это время проникнулъ, съ

des Hirten Gebete der Rauch des geopferten Schafes,
пастуховой молитвой, дымъ принесенной въ жертву Овцы —

dem Jupiter ein süßer Geruch, durch die Wolken. Und jetzt
для Юпитера сладостный запахъ, сквозь облака. И тутъ

hätte Juno die erste Thräne geweint, wenn Thränen ein un-
ва. Юнона первую слезу уронила, если слёзы без-

sterbliches Auge benetzten.
смертное око (когда либо) орошали.

24. Die Ziegen.
Козы.

Die Ziegen baten den Zeus, auch ihnen Hörner zu
Козы просили Зевеса, также и имъ рога

geben; denn Anfangs hatten die Ziegen keine Hörner. Ueberlegt
дать; ибо вначалѣ (не) имѣли Козы ( ) роговъ. Обдумайте

wohl, was ihr bittet, sagte Zeus. Es ist mit dem Ge-
хорошенько, что вы просите; сказалъ Зевесъ. Съ по-

schenke der Hörner ein ganz anderes unzertrennlich ver-
жалованіемъ роговъ совершенно другое неразрывно свя-

bunden, das euch so angenehm nicht sein möchte. Doch die
зано, что вамъ такъ пріятно не будетъ. Однако

Ziegen beharrten auf ihrer Bitte, und Zeus sprach: So
Козы настаивали на своей просьбѣ, и Зевесъ сказалъ: Такъ

habt denn Hörner! Und die Ziegen bekamen Hörner — und
имѣйте же рога! И Козы получили рога — и

Bart! Denn Anfangs hatten die Ziegen auch keinen Bart.
бороду! Ибо вначалѣ (не) имѣли · Козы и ( ) бороды.

O wie schmerzte sie der häßliche Bart! Weit mehr, als
О какъ огорчала ихъ отвратительная борода! Гораздо болѣе, нежели

sie die stolzen Hörner erfreuten!
ихъ величавые рога обрадовали!

---

25. Der wilde Apfelbaum.
Дикая Яблонь.

In den hohlen Stamm eines wilden Apfelbaumes ließ
Въ пустомъ пнѣ дикой Яблони завелся

sich ein Schwarm Bienen nieder. Sie füllten ihn mit den
рой пчёлъ ⬅. Онѣ наполнили его

Schätzen ihres Honigs, und der Baum ward so stolz
сокровищами своего мёда, и дерево сдѣлалось столь гордо

darauf, daß er alle anderen Bäume gegen sich ver-
отъ того, что оно всѣ другія деревья въ сравненіи съ собою пре-

achtete. Da rief ihm ein Rosenstock zu: Elender Stolz
зирало. Тогда вскричалъ ему Розанъ: Жалкая гордость

auf geliehene Süßigkeiten! Ist beine Frucht barum
заимствованными сладостями! Развѣ твой плодъ отъ этого

weniger herbe? In biese treibe ben Honig herauf, wenn
менѣе терпкій? Въ него-то ягоды (всели) мёдъ вверхъ, если

bu es vermagst; unb bann erst wirb ber Mensch bich segnen!
ты это можешь; и тогда только будетъ человѣкъ тебя благословить!

* * *

26. Der Hirsch und der Fuchs.
Олень и Лисица.

Der Hirsch sprach zu bem Fuchse: Nun wehe uns armen
Олень сказалъ Лисицѣ: Теперь горе намъ бѣднымъ

schwächern Thieren! Der Löwe hat sich mit bem Wolfe
слабѣйшимъ животнымъ! Левъ ва. съ Волкомъ

verbunden. Mit bem Wolfe? sagte ber Fuchs. Das mag
заключилъ союзъ. Съ Волкомъ? сказала Лисица. Это еще

noch hingehen! Der Löwe brüllt; ber Wolf heult; unb
какъ нибудь сносно! Левъ рычитъ; Волкъ воетъ; и

so werbet ihr euch noch oft bei Zeiten mit ber Flucht
потому будете вы vr. еще часто во-время бѣгствомъ

retten können. Aber alsbann, alsbann möchte es um
спасаться въ состояніи. Но тогда, тогда (именно) могъ-бы

uns Alle geschehen sein, wenn es bem gewaltigen Löwen einfallen
намъ всѣмъ конецъ быть, еслибы могущественному Льву вздумалось

sollte, sich mit bem schleichenben Luchse zu verbinden.
(бы) съ подкрадывающейся Рысью заключить союзъ.

* * *

27. Der Dornstrauch.
Тёрновый Кустъ.

Aber sage mir boch, fragte bie Weide ben Dornstrauch,
Но скажи мнѣ однако, спросила Ива Тёрновый Кустъ,

warum bu nach ben Kleibern bes vorbeigehenben Menschen so
почему ты къ платьямъ мимо идущаго Человѣка такъ

begierig bift? Was willst bu bamit? Was können sie bir
желаешь? Чего желаешь ты этимъ? Къ чему могутъ они тебѣ

helfen? Nichts! sagte ber Dornstrauch. Ich will sie ihm
служить? Ни къ чему! отвѣтилъ Тёрновый Кустъ. Я (и не) хочу ихъ ему

auch nicht nehmen; ich will sie ihm nur zerreißen. —
( ) отнять; я хочу ихъ ему только разорвать.

---

28. Die Furien.
Фуріи.

Meine Furien, sagte Pluto zu bem Boten ber Götter,
Мои Фуріи, сказалъ Плутонъ къ посланнику боговъ,

werben alt unb stumpf. Ich brauche frische. Geh also,
дѣлаются старыми и тупыми. Мнѣ нужны свѣжія. Пойди же,

Merkur, unb suche mir auf ber Oberwelt brei tüchtige Weibs=
Меркурій, и отыщи мнѣ на землѣ дѣльныхъ женскихъ

personen bazu aus. Merkur ging. — Kurz hierauf sagte
особъ для этого ◄. Меркурій отправился. — Незадолго до этого сказала

Juno zu ihrer Dienerin: Glaubtest bu wohl, Iris, unter
Юнона къ своей прислужницѣ: Думаешь-ли ты навѣрное, Ирида, между

ben Sterblichen zwei ober brei vollkommen strenge,
смертными двухъ или трехъ вполнѣ (совершенно) строгихъ,

züchtige Mädchen zu finben? Aber vollkommen
цѣломудренныхъ дѣвицъ найти? Но въ полномъ смыслѣ

strenge! Verstehst bu mich? Um Cytheren Hohn zu
строгихъ! Понимаешь-ли ты меня? Дабы (этимъ) Цитеру осмѣять

sprechen, bie sich bas ganze weibliche Geschlecht unterworfen
◄, которая ◄ весь женскій родъ покорённымъ

zu haben rühmt. Geh immer unb sieh, wo bu sie auf=
имѣть хвастается. Иди-ка и посмотри, гдѣ ты ихъ на-

treibest. Iris ging.
бирешь (отыщешь). Ирида отправилась.

In welchem Winkel ber Erbe suchte nicht bie gute Iris!
Въ какомъ уголкѣ земли (не) искала ( ) добрая Ирида!

Unb bennoch umsonst! Sie kam ganz allein wieber, unb
И однакоже напрасно! Она возвратилась сама одна ◄, и

Juno rief ihr entgegen: Ist es möglich? O Keuschheit!
Юнона вскричала ей навстрѣчу: Развѣ это возможно? О, Цѣломудріе!

O Tugend! Göttin, sagte Iris; ich hätte dir wohl drei
О Добродѣтель! Богиня, сказала Ирида; я-бы тебѣ, конечно, трехъ

Mädchen bringen können, die alle drei vollkommen streng und
дѣвицъ привести могла бы, всѣ трое совершенно строгими и

züchtig gewesen; die alle drei nie einer Mannsperson
цѣломудренными были; всѣ трое никогда мужчинѣ

gelächelt; die alle drei den geringsten Funken der Liebe in
(не) улыбались; всѣ трое самомалѣйшую искру любви въ

ihren Herzen erstickt; aber ich kam leider zu spät. —
своемъ сердцѣ затушили; но я пришла, къ сожалѣнію, слишкомъ поздно. —

Zu spät? sagte Juno. Wie so?
Поздно? сказала Юнона. Какъ это (понимать)?

Eben hatte sie Merkur für den Pluto abgeholt. Für
Только-что на. ихъ Меркурій для Плутона прибралъ. Для

den Pluto? Und wozu will Pluto diese Tugendhaften? —
Плутона? А для чего желаетъ Плутонъ этихъ благочестивыхъ (дѣвицъ)?

Zu Furien.
Для Фурій.

---

29. Tiresias.
Тирезій.

Tiresias nahm seinen Stab und ging über Feld. Sein
Тирезій взялъ свой посохъ и отправился по полю. Его

Weg trug ihn durch einen heiligen Hain, und mitten in dem
дорога повела его чрезъ священную рощу, а въ среди этой

Haine, wo drei Wege einander durchkreuzten, ward er ein Paar
рощи, гдѣ три дорожки ➤➤ скрещивались, на. онъ пару

Schlangen gewahr, die sich begatteten. Da
змѣй примѣтилъ, которыя имѣли случку (совокуплялись). Тогда

hub Tiresias seinen Stab auf und schlug unter die
поднялъ Тирезій свой посохъ ◀◀ и ударилъ (ихъ)

verliebten Schlangen. — Aber, o Wunder! Indem der Stab
влюбленныхъ змѣй. — Но, о чудо! Когда посохъ

auf die Schlangen herabsank, ward Tiresias zum Weibe.
на змѣй опустился, превратился Тирезій въ женщину.

Nach neun Monden ging das Weib Tiresias wieder durch
Послѣ девять мѣсяцевъ проходила женщина-Тирезія опять чрезъ

den heiligen Hain; und an eben dem Orte, wo die drei Wege
священную рощу; и на томъ самомъ мѣстѣ, гдѣ три дорожки

einanber durchkreuzten, warb sie ein Paar Schlangen gewahr,
➡ скрещивались, vл. она пару змѣй примѣтила,

bie mit einanber kämpften. Da hub Tiresias
которыя между собою воевали (кусались). Тогда поднял Тиресія

abermals ihren Stab auf unb schlug unter bie ergrimmten
вторично свой посохъ **◀** и ударил надъ разлобленными

Schlangen, unb — o Wunber! Jnbem ber Stab bie
змѣями, и — о чудо! Какъ только посохъ

kämpfenben Schlangen schieb, warb bas Weib Tiresias
воюющихъ змѣй разлучилъ, превратилась женщина-Теревія

wieber zum Manne.
опять въ мужчину.

---

30. Minerva.
Минерва.

Laß sie boch, Freunb, laß sie, bie kleinen hämischen
Оставь ихъ однако, другъ, оставь ихъ, этихъ мелкихъ злобныхъ

Neiber beines wachsenben Ruhmes! Warum will bein
завистниковъ твоей возрастающей славы! Зачѣмъ хочетъ твое

Wiß ihre ber Vergessenheit bestimmte Namen ver=
остроуміе ихъ (имена) забвенію обреченныя имена увѣ-

ewigen?
ковѣчить?

Jn bem unsinnigen Kriege, welchen bie Riesen wiber bie
Въ безумной войнѣ, которую великаны противъ

Götter führten, stellten bie Riesen ber Minerva einen
боговъ вели, полагаютъ что великаны (противъ) Минервы

schrecklichen Drachen entgegen. Minerva aber ergriff
страшнаго Дракона выставили. Минерва же схватила

ben Drachen unb schleuberte ihn mit gewaltiger Hanb an bas
Дракона и бросила его сильной рукой въ

Firmament. Da glänzt er noch; unb was so oft
твердь небесную. Тамъ блистаетъ онъ понынѣ; и то, что такъ часто

großer Thaten Belohnung war, warb bes Drachen
великихъ подвиговъ наградою бывало, сдѣлалось для Дракона

beneibenswürbige Strafe.
зависти достойнымъ наказаніемъ.

Drittes Buch.
Третья книга.

1. Der Besitzer des Bogens.
Владѣлецъ Лука.

Ein Mann hatte einen trefflichen Bogen von Eben=
Одинъ (нѣкій) человѣкъ имѣлъ превосходный лукъ изъ чёрнаго

holz, mit dem er sehr weit und sehr sicher schoß und
дерева, изъ котораго онъ очень далеко и очень вѣрно стрѣлялъ и

den er ungemein werth hielt. Einst aber, als er ihn
который онъ чрезвычайно дорогимъ считалъ. Однажды же, когда онъ его

aufmerksam betrachtete, sprach er: Ein wenig zu plump bist
внимательно разсматривалъ, сказалъ онъ: Немного грубоватъ

du doch! Alle deine Zierde ist die Glätte. Schade! —
ты однакожъ! Вся твоя красота — (одна) гладкость. Жаль! —

Doch dem ist abzuhelfen! fiel ihm ein. Ich will hingehen
Но это поправимо! пришло ему на мысль. Я пойду

und den besten Künstler Bilder in den Bogen schnitzen
и у лучшаго художника изображенія на Лукѣ вырѣзывать

lassen. — Er ging hin, und der Künstler schnitzte
закажу. Онъ пошелъ туда (къ нему), и художникъ вырѣзалъ

eine ganze Jagd auf den Bogen; und was hätte sich besser auf
цѣлую охоту на Лукѣ; и что бы ва. лучше на

einen Bogen geschickt, als eine Jagd?
Лукѣ пришлось, чѣмъ (какъ не) охота?

Der Mann war voller Freuden. Du verdienst diese
Человѣкъ былъ полонъ радости. Ты заслуживаешь этихъ

Zierrathen, mein lieber Bogen! — Indem will er ihn
украшеній, мой любезный Лукъ! — Между тѣмъ захотѣлъ онъ его

versuchen; er spannt, und der Bogen — zerbricht.
испытать; онъ натягиваетъ, и Лукъ — переломился.

———

2. Die Nachtigall und die Lerche.

Соловей и Жаворонокъ.

Was soll man zu den Dichtern sagen, die
Что должно (слѣдуетъ) поэтамъ сказать, которые

so gern ihren Flug weit über alle Fassung des größten
такъ охотно свой полётъ гораздо выше всякаго пониманія большей

Theiles ihrer Leser nehmen? Was sonst, als was
части ихъ читателей устремляютъ? Что другое, какъ (не) то, что

die Nachtigall einst zu der Lerche sagte: Schwingst
Соловей однажды Жаворонку сказалъ: (Не) возносишься-ли

du dich, Freundin, nur darum so hoch, um nicht
(взлетаешь-ли) ты ◀, другъ, только для того такъ высоко, чтобы не

gehört zu werden?
слышаннымъ быть?

---

3. Der Geist des Salomo.

Духъ (тѣнь) Соломона.

Ein ehrlicher Greis trug des Tages Last und Hitze
Честный старикъ сносилъ дня тягость и зной,

sein Feld mit eigner Hand zu pflügen und mit eigner
свое поле собственной рукою чтобы вспахать и собственной

Hand den reinen Samen in den lockeren Schooß der willigen
рукой чистое сѣмя въ рыхлое нѣдро услужливой

Erde zu streuen. Auf einmal stand unter dem breiten Schatten
земли посѣять. Вдругъ всталъ подъ широкой тѣнью

einer Linde eine göttliche Erscheinung vor ihm da! Der
липы божественный Призракъ предъ нимъ тамъ! Der

Greis stutzte. Ich bin Salomo, sagte mit vertraulicher
Старикъ изумился. Я Соломонъ, сказалъ дружескимъ

Stimme das Phantom. Was machst du hier, Alter?
голосомъ Призракъ. Что дѣлаешь ты тутъ, Старикъ?

Wenn du Salomo bist, versetzte der Alte, wie kannst
Если ты Соломонъ, возразилъ Старикъ, какъ-же можешь

du fragen? Du schicktest mich in meiner Jugend zu der Ameise;
ты спрашивать? Ты послалъ меня въ моей юности къ Муравью;

ich ſah ihren Wandel und lernte von ihr fleißig ſein
я видѣлъ его образъ жизни и научился отъ него прилежнымъ быть

und ſammeln. Was ich da lernte, das thue ich noch.
и собирать. Чему я тогда учился, это дѣлаю я ещё (теперь).

Du haſt beine Lection nur halb gelernt, verſetzte der
Ты va. твой урокъ только вполовину выучилъ, возразилъ

Geiſt. Geh noch einmal hin zur Ameiſe und lerne nun auch
Духъ. Ступай еще разъ туда къ Муравью и поучись нынѣ также

von ihr in dem Winter beiner Jahre ruhen und des Ge-
отъ него въ зиму твоихъ лѣтъ отдыхать и со-

ſammelten genießen.
бранымъ наслаждаться.

---

4. Das Geſchenk der Feen.
Подарокъ Фей.

Zu der Wiege eines jungen Prinzen, der in der Folge
Къ колыбели юнаго Принца, который впослѣдствіе

einer der größten Regenten ſeines Landes warb, traten
однимъ изъ величайшихъ правителей своей земли сдѣлался, приблизились

zwei wohlthätige Feen.
двѣ благодѣятельныя Феи (Волшебницы).

Ich ſchenke dieſem meinem Lieblinge, ſagte die eine, den
Я дарю этому моему любимцу, сказала одна,

ſcharfſichtigen Blick des Adlers, dem in ſeinem weiten
проницательный взглядъ Орла, [отъ] котораго въ его обширномъ

Reiche auch die kleinſte Mücke nicht entgeht. Das Geſchenk
царствѣ даже малѣйшая мошка не ускользаетъ. Подарокъ

iſt ſchön, unterbrach ſie die zweite Fee. Der Prinz wird
прекрасенъ, прервала её вторая Фея. Принцъ va.

ein einſichtsvoller Monarch werden. Aber der Adler beſitzt
проницательнымъ монархомъ сдѣлается. Но Орелъ владѣетъ

nicht allein Scharfſichtigkeit, die kleinſten Mücken zu bemerken;
не одной только зоркостью — малѣйшихъ мошекъ замѣчать;

er beſitzt auch edle Verachtung, ihnen nicht nachzujagen.
онъ владѣетъ также благороднымъ презрѣніемъ — ихъ не преслѣдовать.

Und dieſe nehme der Prinz von mir zum Geſchenk! Ich
А это-то да получитъ Принцъ отъ меня въ подарокъ! Я

danke dir, Schweſter, für dieſe weiſe Einſchränkung, verſetzte
благодарю тебя, сестра, за это мудрое ограниченіе, возразила

die erste Fee. Es ist wahr; viele würden weit größere
первая Фея. Оно правда; многіе сдѣлались бы гораздо бо́льшими
Könige gewesen sein, wenn sie sich weniger mit ihrem durch=
королями va., еслибъ они ➡ поменьше съ ихъ прони-
bringenden Verstande bis zu den kleinsten Angelegenheiten
цательнымъ умомъ до мельчайшихъ дѣлъ
hätten erniedrigen wollen.
va. унижаться хотѣли.

---

5. Das Schaf und die Schwalbe.
Овца и Ласточка.

Eine Schwalbe flog auf ein Schaf, ihm ein wenig
Ласточка слетѣла на Овцу, (чтобъ) ей немного
Wolle für ihr Nest auszurupfen. Das Schaf sprang un=
шерсти для своего гнѣзда повыдергать. Овца прыгала не-
willig hin und wieder. Wie bist du denn nur gegen mich so
терпѣливо туда и сюда. Какъ ты однако только ко мнѣ такъ
karg? fragte die Schwalbe. Dem Hirten erlaubst du, daß
скупа? спросила Ласточка. Пастуху позволяешь ты, что
er dich deiner Wolle über und über entblößen darf;
онъ тебя твоей шерсти чрезчуръ (вполнѣ) лишать смѣетъ;
und mir verweigerst du eine kleine Flocke. Woher kommt das?
а мнѣ отказываешь ты въ маломъ клочкѣ. Отчего происходитъ это?
Das kommt daher, antwortete das Schaf, weil du mir
Это происходитъ оттого, отвѣчала Овца, что ты у меня
meine Wolle nicht mit eben so guter Art zu nehmen weißt,
мою шерсть не съ такимъ же хорошимъ способомъ брать умѣешь,
als der Hirte.
(понимаешь) какъ пастухъ.

---

6. Der Rabe.
Ворона.

Der Rabe bemerkte, daß der Adler ganze dreißig Tage
Ворона замѣтила, что Орлица цѣлыхъ тридцать дней
über seinen Eiern brütete. Und daher kömmt es ohne Zweifel,
на своихъ яйцахъ сидѣла. И поэтому выходитъ (оно), безъ сомнѣнія,

sprach er, daß die Jungen des Adlers so allsehend und
сказала она, что птенцы Орлицы такими зоркими и

stark werden. Gut! das will ich auch thun. Und seit=
сильными становятся. Хорошо! это хочу я также дѣлать. И съ тѣхъ

dem brütet der Rabe wirklich ganze dreißig Tage über seinen
поръ сидитъ Ворона дѣйствительно цѣлыхъ тридцать дней на своихъ

Eiern; aber noch hat er nichts als elende Raben ausgebrütet.
яйцахъ; но еще въ. она ничего кромѣ жалкихъ Воронъ (не) высидѣла.

---

7. Der Rangstreit der Thiere.
Споръ о первенствѣ (у) Звѣрей.

In vier Fabeln.
Въ четырехъ басняхъ.

I. Es entstand ein hitziger Rangstreit unter den
Возникъ жаркій споръ о первенствѣ между

Thieren. Ihn zu schlichten, sprach das Pferd, lasset uns den
звѣрьми. Его чтобъ рѣшить, сказала Лошадь, пусть мы

Menschen zu Rathe ziehen; er ist keiner von den streitenden
Человѣка на совѣтъ пригласимъ; онъ ни изъ спорящихъ

Theilen, und kann desto unparteiischer sein.
сторонъ, и можетъ тѣмъ болѣе безпристрастнымъ быть.

Aber hat er auch den Verstand dazu? ließ sich
Но имѣетъ-ли онъ также умъ для этого? далъ себя

ein Maulwurf hören. Er braucht wirklich den
Кротъ слушать (отозвался). Онъ нуждается дѣйствительно въ

allerfeinsten, unsere oft tief versteckten Vollkommenheiten
тончайшемъ (умѣ), чтобъ наши часто глубоко сокрытыя совершенства

zu erkennen.
узнавать.

Das war sehr weislich erinnert! sprach der Hamster.
Это было очень разумно вспомянуто! сказалъ Хомякъ.

Ja wohl! rief auch der Igel. Ich glaube es nimmer=
Конечно! вскричалъ также Ежъ. Я (не) вѣрю этому никогда,

mehr, daß der Mensch Scharfsichtigkeit genug besitzt. Schweigt
чтобы Человѣкъ прозорливостью достаточно владѣлъ. Молчите

ihr! befahl das Pferd. Wir wissen es schon: Wer sich auf
вы! приказала Лошадь. Мы знаемъ это уже: Кто на

die Güte seiner Sache am wenigsten zu verlassen   hat, ist immer
правоту своего дѣла   наименѣе положиться можетъ,   всегда

am fertigsten, die Einsicht seines Richters in Zweifel
наиболѣе готовъ,   проницательность своего судьи въ сомнѣніе

zu ziehen.
приводить.

8.

II.   Der Mensch warb Richter. — Noch ein Wort,
Человѣкъ сдѣлался судьею. — Еще одно слово,

rief ihm der majestätische Löwe zu,   bevor du den
воскликнулъ ему   величественный Левъ ◄◄, прежде чѣмъ ты

Ausspruch thust! Nach welcher Regel, Mensch, willst du
приговоръ постановишь! По какому правилу, Человѣкъ, хочешь ты

unsern Werth bestimmen?
наше достоинство опредѣлить?

Nach welcher Regel? Nach dem Grabe ohne Zweifel,
По какому правилу? По [той] степени, безъ сомнѣнія,

antwortete der Mensch, in welchem ihr mir mehr oder weniger
отвѣчалъ Человѣкъ, по которой вы мнѣ болѣе или менѣе

nützlich seid. — Vortrefflich! versetzte der beleibigte Löwe.
полезны. Превосходно! возразилъ оскорбленный Левъ.

Wie weit würde ich alsdann unter dem Esel zu stehen kommen!
Какъ далеко vѣ. мнѣ тогда ниже Осла стоять пришлось-бы!

Du kannst unser Richter nicht sein, Mensch! Verlaß die
Ты (не) можешь нашимъ судьею ( ) быть, Человѣкъ! Оставь

Versammlung!
собраніе!

9.

III.   Der Mensch entfernte sich. — Nun, sprach der
Человѣкъ удалился. — Вотъ, сказалъ

höhnische Maulwurf, — und ihm stimmte der Hamster
насмѣшливый Кротъ, а съ нимъ согласились Хомякъ

und der Igel wieder bei. — siehst du, Pferd? Der
и Ежъ опять ◄◄ — видишь-ли ты, Лошадь? Левъ

Löwe meint es auch, daß der Mensch unser Richter nicht sein
Левъ полагаетъ также, что Человѣкъ нашимъ судьею не можетъ

kann. Der Löwe benkt wie wir. Aber aus bessern Gründen,
быть. Левъ думаетъ какъ и мы. Но на лучшихъ основаніяхъ,

4*

als ihr! sagte der Löwe und warf ihnen einen verächtlichen
нежели вы! сказалъ Левъ, и бросилъ имъ презрительный

Blick zu.
взглядъ ⃪.

10.

IV. Der Löwe fuhr weiter fort: Der Rangstreit,
Левъ продолжалъ далѣе ⃪: Споръ о первенствѣ,

wenn ich es recht überlege, ist ein nichtswürdiger Streit!
когда я объ этомъ хорошо размышляю, — есть пустой споръ!

Haltet mich für den Vornehmsten oder für den Ge=
Считайте меня самымъ значительнымъ или самымъ ни-

ringsten; es gilt mir gleich viel. Genug, ich kenne mich! —
чтожнымъ; оно для меня все равно. Довольно, я знаю себя!

Und so ging er aus der Versammlung. Ihm folgte der
И тутъ вышелъ онъ изъ собранія. Ему послѣдовали

weise Elephant, der kühne Tiger, der ernsthafte Bär, der
мудрый Слонъ, смѣлый Тигръ, важный Медвѣдь,

kluge Fuchs, das edle Pferd; kurz alle, die
умная Лисица, благородная Лошадь; словомъ (коротко) всѣ, которые

ihren Werth fühlten oder zu fühlen glaubten. Die sich
свое достоинство чувствовали или чувствовать полагали. Тѣ, которые

am letzten wegbegaben und über die zerrissene Versammlung
напослѣдокъ удалились и на разстроившееся собраніе

am meisten murrten, waren — der Affe und der Esel.
наиболѣе роптали, были — Обезьяна и Осёлъ.

---

11. Der Bär und der Elephant.
Медвѣдь и Слонъ.

Die unverständigen Menschen! sagte der Bär zu dem
Безразсудные люди! сказалъ Медвѣдь

Elephanten. Was fordern sie nicht alles von uns
Слону. Чего (только) (не) требуютъ они ( ) всего отъ насъ

bessern Thieren! Ich muß nach der Musik tanzen, ich, der
лучшихъ звѣрей! Я долженъ подъ музыку плясать, я,

ernsthafte Bär! Und sie wissen es doch nur allzu=
важный Медвѣдь! И они знаютъ это однако-же (даже) слишкомъ

wohl, daß sich solche Possen zu meinem ehrwürdigen Wesen nicht
хорошо, что ➡ такія штуки моей почтенной особѣ не

schicken; denn warum lachten sie sonst, wenn ich tanze?
приличествуютъ; ибо затѣмъ смѣются они впрочемъ, когда я пляшу?

Ich tanze auch nach der Musik, versetzte der gelehrte Elephant,
Я пляшу также подъ музыку, возразилъ ученый Слонъ,

und glaube eben so ernsthaft und ehrwürdig zu sein, als du.
и думаю столь-же важнымъ и почтеннымъ быть, какъ ты.

Gleichwohl haben die Zuschauer nie über mich gelacht;
Однакожъ va. зрители никогда надо мною [не] смѣялись;

freudige Bewunderung bloß war auf ihren Gesichtern
радостное удивленіе только (можно) было на ихъ лицахъ

zu lesen. Glaube mir also, Bär, die Menschen lachen
читать. (Итакъ) повѣрь мнѣ ( ), Медвѣдь, люди (не) смѣются

nicht darüber, daß du tanzest, sondern darüber, daß du dich
( ) оттого, что ты пляшешь, но оттого, что ты ➡

so albern dazu anschickst.
такъ глупо за это берешься.

---

12. Der Strauß.
Страусъ.

Das pfeilschnelle Rennthier sah den Strauß und
Быстрый, какъ стрѣла, Олень увидѣлъ Страуса и

sprach: Das Laufen des Straußes ist so außerordentlich
сказалъ: Бѣгъ Страуса (не) столь изрядный

eben nicht; aber ohne Zweifel fliegt er desto besser. Ein
именно ( ); но безъ сомнѣнія, летаетъ онъ тѣмъ лучше.

andermal sah der Adler den Strauß und sprach: Fliegen
Въ другой разъ увидѣлъ Орелъ Страуса и сказалъ: Летать

kann der Strauß nun wohl nicht; aber ich glaube, er
(не) умѣетъ Страусъ вотъ хорошо ( ); но я полагаю, онъ

muß gut laufen können.
долженъ хорошо бѣгать умѣть.

13. Die Wohlthaten.
Благодѣянія.

In zwei Fabeln.
Въ двухъ басняхъ.

I. Haft du wohl einen größern Wohlthäter unter den
Имѣешь-ли ты развѣ бóльшаго благодѣтеля между
Thieren, als uns? fragte die Biene den Menschen.
животными, нежели мы? спросила Пчела Человѣка.
Ja wohl! erwiderte dieser. Und wen? Das
Конечно! возразилъ (этотъ) послѣдній. И кого (именно)?
Schaf! denn seine Wolle ist mir nothwendig und dein Honig
Овцу! ибо ея шерсть мнѣ необходима, а твой мёдъ
ist mir nur angenehm. —
мнѣ только пріятенъ

14.

II. Und willst du noch einen Grund wissen, warum ich
И хочешь ты еще одну причину знать, почему я
das Schaf für meinen größern Wohlthäter halte, als dich,
Овцу моею большею благодѣтельницею считаю, нежели тебя,
Biene? Das Schaf schenkt mir seine Wolle ohne die geringste
Пчелу? Овца даритъ мнѣ свою шерсть безъ малѣйшаго
Schwierigkeit; aber wenn du mir deinen Honig schenkst, muß
затрудненія; но когда ты мнѣ твой мёдъ даришь, долженъ
ich mich noch immer vor deinem Stachel fürchten.
я ➡ еще всегда твоего жала опасаться.

---

15. Die Eiche.
Дубъ.

Der rasende Nordwind hatte seine Stärke in einer
Яростный сѣверный вѣтеръ vn. свою силу въ
stürmischen Nacht an einer erhabenen Eiche bewiesen. Nun
бурную ночь надъ высокимъ Дубомъ доказалъ. Вотъ
lag sie gestreckt und eine Menge niedriger Sträuche lagen
лежалъ онъ распростёртый и множество приземистыхъ кустовъ лежали

unter ihr zerſchmettert. Ein Fuchs, der ſeine Grube nicht
подъ нимъ подломанными. Лисица, которая свою нору не

weit davon hatte, ſah ſie des Morgens darauf.
далеко оттуда имѣла, увидѣла его утромъ послѣ (на слѣдующее).

Was für ein Baum! rief er. Hätte ich doch nimmermehr
Что за дерево! воскликнулъ онъ. Я-бы однако никогда

gedacht, daß er ſo groß geweſen wäre!
(не) думалъ, чтобъ оно такъ велико (огромно) прежде было!

---

16. Die Geſchichte des alten Wolfs.
Исторія стараго Волка.

In ſieben Fabeln.
Въ семи басняхъ.

I. Der böſe Wolf war zu Jahren gekommen und faßte den
Злой Волкъ въ. въ лѣта пришелъ и принялъ

gleißen Entſchluß, mit den Schäfern auf einem gütlichen Fuß
лицемѣрное рѣшеніе — съ Пастухомъ на хорошей ногѣ

zu leben. Er machte ſich alſo auf und kam zu
жить. Онъ отправился такимъ образомъ ⇇ и пришелъ къ

dem Schäfer, deſſen Horden ſeiner Höhle die nächſten waren.
Пастуху, котораго стада [къ] его логовищу ближайшія были.

Schäfer, ſprach er, du nennſt mich den blutgierigen
Пастухъ, сказалъ онъ, ты называешь меня кровожаднымъ

Räuber, der ich doch wirklich nicht bin.
разбойникомъ, какимъ я однакожъ въ дѣйствительности не бываю.

Freilich muß ich mich an deine Schafe halten, wenn mich
Понятно, (что) долженъ я ⇉ твоихъ овецъ держаться, когда я

hungert; denn Hunger thut weh. Schütze mich nur
голоденъ; ибо голодъ причиняетъ страданіе (боль). Защити меня только

vor dem Hunger; mache mich nur ſatt, und du ſollſt mit
отъ голода; сдѣлай меня только сытымъ — и ты будешь со

mir wohl zufrieden ſein. Denn ich bin wirklich das zahmſte,
мною вѣрно доволенъ. Ибо я на самомъ дѣлѣ самый смирный,

ſanftmüthigſte Thier, wenn ich ſatt bin. Wenn du ſatt biſt?
самый кроткій звѣрь, когда я сытъ. Когда ты сытъ?

Das kann wohl ſein, verſetzte der Schäfer. Aber wenn
Это можетъ, конечно, быть, возразилъ Пастухъ. Но когда же

bift du denn satt? Du und der Geiz werden es nie.
бываешь ты (однако) сытъ? Ты и скупость (не) будутъ ими (сытыми)

Geh deinen Weg! —
никогда. Ступай своей дорогою!

17.

II. Der abgewiesene Wolf kam zu einem zweiten Schäfer.
Отвергнутый Волкъ пришелъ къ другому Пастуху.

Du weißt, Schäfer, war seine Anrede, daß ich dir das
Ты знаешь, Пастухъ, была его рѣчь, что я у тебя впродолженіе

Jahr durch manches Schaf würgen könnte. Willst du mir
года ◄◄ многихъ Овецъ передушить могъ бы. Согласиться-ли ты мнѣ

überhaupt jedes Jahr sechs Schafe geben, so bin ich zufrieden.
вообще каждый годъ шесть овецъ давать, то (этимъ) я доволенъ.

Du kannst alsdann sicher schlafen und die Hunde
Ты можешь тогда безопасно (спокойно) спать и собакъ

ohne Bedenken abschaffen. Sechs Schafe? sprach der Schäfer.
не-усумнительно удалять. Шесть овецъ? сказалъ Пастухъ.

Das ist ja eine ganze Heerde! — Nun, weil du es bist,
Это — вѣдь цѣлое стадо! Ну, ради тебя

so will ich mich mit fünfen begnügen, sagte der Wolf.
готовъ я ➡ пятью довольствоваться, сказалъ Волкъ.

Du scherzest; fünf Schafe! Mehr als fünf Schafe opfre ich
Ты шутишь; пять овецъ! Болѣе чѣмъ пять овецъ жертвую я

kaum im ganzen Jahre dem Pan. Auch nicht vier? fragte
едва-ли въ весь годъ Пану. Даже ни четыре? спросилъ

der Wolf weiter; und der Schäfer schüttelte spöttisch den
Волкъ далѣе; и Пастухъ качалъ насмѣшливо

Kopf. Drei? — Zwei? — Nicht ein einziges; fiel
головою. Три? Двѣ? — Ни одной; вышло (выпало)

endlich der Bescheid. Denn es wäre ja wohl thöricht, wenn
наконецъ рѣшеніе. Ибо оно было бы конечно глупо, еслибъ

ich mich einem Feinde zinsbar machte, vor welchem ich mich
я себя врагу данникомъ сдѣлалъ, отъ котораго я ➡

durch meine Wachsamkeit sichern kann. —
моею бдительностью защититься (обезопасить себя) могу. —

18.

III. Aller guten Dinge sind drei, dachte der Wolf und
Всѣхъ хорошихъ вещей — три, думалъ Волкъ и

kam zu einem dritten Schäfer. Es geht mir recht nahe,
пришелъ къ третьему Пастуху. Это трогаетъ меня весьма близко

sprach er, daß ich unter euch Schäfern als das grau=
(глубоко), сказалъ онъ, что я между вами, Пастухами, какъ самый

samste, gewissenloseste Thier verschrieen bin. Dir, Montan,
жестокій, безсовѣстный звѣрь прослываю. Тебѣ, Монтанъ,

will ich jetzt beweisen, wie Unrecht man mir thut. Gieb
хочу я теперь доказать, какую несправедливость мнѣ оказываютъ. Дай

mir jährlich ein Schaf, so soll deine Heerde in jenem
мнѣ ежегодно одну (только) овцу, тогда можетъ твое стадо въ томъ

Walde, den niemand unsicher macht als ich, frei und un=
лѣсу, который никто опаснымъ дѣлаетъ, какъ я, свободно и ис-

beschädigt weiden dürfen. Ein Schaf! Welche Kleinigkeit!
вредимо пастись можетъ. Одну овцу! Какая малость!

Könnte ich großmüthiger, könnte ich uneigennütziger handeln? —
Могъ-ли я великодушнѣе, могъ-ли я безкорыстнѣе поступать? —

Du lachst, Schäfer? Worüber lachst denn du? — O über
Ты смѣешься, Пастухъ? Чему смѣешься однако ты? — О ни-

nichts! Aber wie alt bist du, guter Freund?
чему! Но какъ старъ ты (сколько тебѣ лѣтъ), добрый другъ?

sprach der Schäfer. — Was geht dich mein Alter an?
спросилъ Пастухъ. — Что за дѣло тебѣ (до) моей старости (моихъ

Immer noch alt genug, dir deine
лѣтъ)? Во всякомъ случаѣ старъ (силенъ) достаточно у, тебя твоихъ

liebsten Lämmer zu würgen. Erzürne dich nicht, alter
любезныхъ ягнятъ чтобъ передушить. (Не) сердись ( ), старый

Isegrim. Es thut mir leid, daß du mit deinem Vorschlage
Изегримъ. Это мнѣ прискорбно, что ты съ твоимъ предложеніемъ

einige Jahre zu spät kommst. Deine ausgebissenen
нѣсколько лѣтъ (слишкомъ) поздно приходишь. Твои изъѣденные

Zähne verrathen dich. Du spielst den Uneigennützigen,
зубы обличаютъ тебя. Ты разыгрываешь [роль] безкорыстнаго,

bloß um dich desto gemächlicher, mit desto weniger
исключительно только ◄ чтобъ тѣмъ удобнѣе, чѣмъ меньшею

Gefahr nähern zu können.
опасностью прокормиться имѣть возможность.

19.

IV. Der Wolf ward ärgerlich, faßte sich aber doch und
Волкъ разсердился, крѣпился однако-же и

ging auch zu dem vierten Schäfer. Diesem war eben
отправился еще къ четвертому Пастуху. У этого va. только-что

sein treuer Hund gestorben, und der Wolf machte
(какъ разъ) его вѣрная собака умерла, и Волкъ обратилъ

sich den Umstand zu Nutze. Schäfer, sprach er, ich habe
себѣ это обстоятельство въ пользу. Пастухъ, сказалъ er, я va.

mich mit meinen Brüdern in dem Walde veruneinigt, und so,
➡ съ моими собратами въ лѣсу разсорился, да такъ,

daß ich mich in Ewigkeit nicht wieder mit ihnen aussöhnen
что я не во вѣки ( ) опять (вторично) съ ними (не) примирюсь

werde. Du weißt, wie viel du von ihnen zu fürchten
va. Ты знаешь, какъ много (сильно) ты ихъ бояться

hast! Wenn du mich aber anstatt deines verstorbenen Hundes
долженъ! Если ты меня однако вмѣсто твоей умершей собаки

in Dienste nehmen willst, so stehe ich dir dafür, daß
въ службу принять пожелаешь, то стою (ручаюсь) я тебѣ въ томъ, что

sie keines deiner Schafe auch nur scheel ansehen sollen.
они ни на одну изъ твоихъ овецъ даже только косо посмотрѣть [не] должны.

Du willst sie also, versetzte der Schäfer, gegen deine
Ты хочешь ихъ, слѣдовательно, возразилъ Пастухъ, противъ твоихъ

Brüder im Walde beschützen? —
собратовъ въ лѣсу защищать?

Was meine ich denn sonst? Freilich. — Das wäre nicht
Чтоже думаю я иное? Несомнѣнно. — Это было-бы не

übel! Aber wenn ich dich nun in meine Horden einnähme,
дурно! Но еслибъ я тебя вотъ въ мое стадо принялъ,

sage mir doch, wer sollte alsdann meine armen Schafe gegen
скажи мнѣ однако, кто долженъ тогда моихъ бѣдныхъ овецъ противъ

dich beschützen? Einen Dieb ins Haus nehmen, um vor den
тебя защищать? Вора въ домъ принять, чтобы отъ

Dieben außer dem Hause sicher zu sein, das halten wir
воровъ внѣ дома безопаснымъ быть, это считаемъ мы

Menschen — — Ich höre schon, sagte der Wolf, du
люди — — Я слышу (понимаю) уже, сказалъ Волкъ, ты

fängst an zu moralisiren. Lebe wohl!
начинаешь ⬅ читать мораль. Прощай!

20.

V. Wäre ich nicht so alt! knirschte der
Если-бы я не былъ такъ старъ! скрожеталъ зубами

Wolf. Aber ich muß mich leider in die Zeit schicken.
Волкъ. Но я долженъ ➡, къ сожалѣнію, съ временемъ соображаться.

Und so kam er zu dem fünften Schäfer. Kennst du
И так пришелъ онъ къ пятому Пастуху. Знаешь-ли ты

mich, Schäfer? fragte der Wolf. Deinesgleichen wenigstens
меня, Пастухъ? спросилъ Волкъ. Тебѣ подобныхъ по-крайней-мѣрѣ

kenne ich, versetzte der Schäfer. Meinesgleichen? Daran
знаю я, возразилъ Пастухъ. Мнѣ подобныхъ? Въ этомъ

zweifle ich sehr. Ich bin ein so sonderbarer Wolf,
сомнѣваюсь я очень. Я такой особенный (чудный) Волкъ,

daß ich deiner und aller Schäfer Freundschaft wohl werth bin.
что я твоей и всѣхъ Пастуховъ дружбы подлинно достоенъ.

Und wie sonderbar bist du denn? Ich könnte kein
И какой особенный ты именно? Я [не] могъ-бы ни одной

lebendiges Schaf würgen und fressen, und wenn es mir das
живом овцы задушить и съѣсть, и если (даже) это мнѣ

Leben kosten sollte. Ich nähre mich bloß mit todten
жизни стоить должно было. Я питаюсь только мёртвыми

Schafen. Ist das nicht löblich? Erlaube mir also
овцами. Развѣ это не похвально? Позволь мнѣ такимъ образомъ

immer, daß ich mich dann und wann bei deiner Heerbe
всегда, чтобы я по временамъ при твоемъ стадѣ

einfinden und nachfragen darf, ob dir
находиться (обрѣтаться) и освѣдомляться могъ, авось (нѣтъ-ли) у тебя

nicht — Spare der Worte, sagte der Schäfer. Du müßtest
( ) ... Побереги слова, сказалъ Пастухъ. Ты (не) долженъ бы

gar keine Schafe fressen, auch nicht einmal todte,
совсѣмъ (вовсе) никакихъ овецъ жрать, и не даже мертвыхъ,

wenn ich dein Feind nicht sein sollte. Ein Thier, das
коль я твоимъ врагомъ не сдѣлаться долженъ. Звѣрь, который

mir schon todte Schafe frißt, lernt leicht aus Hunger
у меня уже мертвыхъ овецъ пожираетъ, пріучается легко съ голода

kranke Schafe für todt, und gesunde für krank ansehen.
больныхъ овецъ за мертвыхъ, а здоровыхъ за больныхъ считать.

Mache auf meine Freundschaft also keine Rechnung
(Не) дѣлай на мою дружбу, слѣдовательно, никакого расчета

und geh! —
и ступай!

21.

VI. Ich muß nun schon mein Liebstes daran
Я принужденъ теперь уже мое самое наилюбленное на то

wenden, um zu meinem Zwecke zu gelangen! dachte der Wolf
употребить, чтобы до моей цѣли достигнуть! думалъ Волкъ

und kam zu dem sechsten Schäfer. Schäfer, wie gefällt dir
и пришелъ къ шестому Пастуху. Пастухъ, какъ нравится тебѣ

mein Pelz? fragte der Wolf. Dein Pelz? fragte der Schäfer.
мой мѣхъ? спросилъ Волкъ. Твой мѣхъ? сказалъ Пастухъ.

Laß sehen! Er ist schön; die Hunde müssen dich nicht
Дай посмотрѣть! Онъ прекрасенъ; собаки должно быть тебя не

oft unter gehabt haben. — Nun, so höre, Schäfer; ich
часто подъ собою имѣли. — Ну, такъ послушай, Пастухъ; я

bin alt und werde es so lange nicht mehr treiben. Füttere
старъ и ва. этого такъ долго ( ) болѣе (не) снесу. Корми

mich zu Tode; und ich vermache dir meinen Pelz.
меня до смерти; и я завѣщаю тебѣ мой мѣхъ.

Ei, sieh doch! sagte der Schäfer. Kömmst du
Э, смотри ка! сказалъ Пастухъ. (Не) приходишь-ли ты

auch hinter die Schliche der alten Geizhälse?
также по лазейкамъ старыхъ скрягъ?

Nein, nein; dein Pelz würde mich am Ende siebenmal
Нѣтъ, нѣтъ; твой мѣхъ будетъ мнѣ къ концу въ семъ разъ

mehr kosten, als er werth wäre. Ist es dir aber ein
болѣе стоитъ, чѣмъ онъ стоилъ-бы (на дѣлѣ). Если оно тебѣ однако не

Ernst mir ein Geschenk zu machen, so gieb ihn mir
на-шутку [желательно] мнѣ подарокъ сдѣлать, то дай его мнѣ

gleich jetzt. — Hiermit griff der Schäfer nach der Keule,
прямо теперь-же. Тутъ ухватился Пастухъ за дубину,

und der Wolf floh. —
и Волкъ убѣжалъ. —

22.

VII. O die Unbarmherzigen! schrie der Wolf und
O безжалостные! вскричалъ Волкъ и

gerieth in die äußerste Wuth. So will ich auch als ihr
впалъ въ самое крайнее бѣшенство. Такъ хочу я же какъ вашъ

Feind sterben, ehe mich der Hunger tödtet; denn sie
врагъ умереть, прежде чѣмъ меня голодъ убьетъ; ибо они

wollen es nicht besser!
(не) хотятъ ( ) лучшаго!

Er lief, brach in die Wohnungen der Schäfer ein,
Онъ побѣжалъ, ворвался въ жилища Пастуховъ,

riß ihre Kinder nieder und warb nicht ohne große Mühe
расторгалъ ихъ дѣтей и былъ не безъ большаго труда

von den Schäfern erschlagen.
Пастухами убитъ.

Da sprach der Weiseste von ihnen: Wir thaten
Тогда сказалъ благоразумнѣйшій изъ нихъ: Мы поступили,
doch wohl Unrecht, daß wir den alten Räuber auf das
однако же, несправедливо, что мы стараго хищника до
Aeußerste brachten und ihm alle Mittel zur Besserung, so spät
крайности довели и ему всѣ средства къ исправленію, какъ поздне
und erzwungen sie auch war, benahmen!
и вынужденное оно [ни] было, отняли!

---

23. Die Maus.
Мышь.

Eine philosophische Maus pries die gütige Natur,
Философствующая Мышь восхваляла добродѣтельную природу,
daß sie die Mäuse zu einem so vorzüglichen Gegenstande ihrer
что она Мышей такимъ особеннымъ предметомъ своей
Erhaltung gemacht habe. Denn eine Hälfte von uns, sprach
заботливости сдѣлала ея. Ибо половина изъ насъ, сказала
sie, erhielt von ihr Flügel, daß, wenn wir hier unten auch
она, получила отъ нея крылья, такъ, что еслибъ мы здѣсь на земли даже
alle von den Katzen ausgerottet würden, sie doch mit leichter
всѣ отъ кошекъ истреблены были, она все-таки съ легкимъ
Mühe aus den Fledermäusen unser ausgerottetes Geschlecht
трудомъ изъ Летучихъ Мышей нашъ истребленный родъ
wieder herstellen könnte.
опять возстановить могла-бы.

Die gute Maus wußte nicht, daß es auch geflügelte
Добрая Мышь не знала, что (есть) также крылатыя
Katzen giebt. Und so beruhet unser Stolz meistens
кошки ( ). Точно такъ основывается наша гордость большею частью
auf unsrer Unwissenheit!
на нашемъ невѣжествѣ!

---

24. Die Schwalbe.
Ласточка.

Glaubet mir, Freunde, die große Welt ist nicht für den
Повѣрьте мнѣ, друзья, большой свѣтъ — но для

Weisen, ist nicht für den Dichter! Man kennt da ihren
мудрецовъ, — не для поэтовъ! (Не) знаютъ тамъ ихъ

wahren Werth nicht, und ach! sie sind oft schwach
истиннаго достоинства ( ). и увы! они (люди) часто слабы

genug, ihn mit einem nichtigen zu vertauschen. In den
довольно, (чтобъ) его ничтожнымъ замѣнять. Въ

ersten Zeiten war die Schwalbe ein eben so ton=
первыя (старыя) времена была Ласточка ровно такой же пѣ-

reicher melodischer Vogel, als die Nachtigall. Sie ward es
вучей мелодической птицей, какъ (и) Соловей. Она на. этимъ

aber bald müde, in den einsamen Büschen zu wohnen,
однако вскорѣ утомилась, — въ уединённыхъ кустарникахъ проживать,

und da von niemand, als dem fleißigen Landmanne und
и тамъ никѣмъ, какъ трудолюбивымъ поселяниномъ и

der unschuldigen Schäferin gehört und bewundert zu werden.
невинной пастушкой слышимой и хвалимой бывать.

Sie verließ ihre demüthigere Freundin und zog in die
Она покинула свою смиренную подругу и переселилась въ

Stadt. — Was geschah? Weil man in der Stadt
городъ. Что случилось (вышло)? Такъ-какъ въ городѣ

nicht Zeit hatte, ihr göttliches Lied zu hören, so ver=
( ) времени (не) имѣли, ея божественную пѣсню слушать, то раз-

lernte sie es nach und nach, und lernte dafür — bauen.
училась она (это) мало-по-малу, и выучилась за то — строить.

---

25. Der Adler.
Орёлъ.

Man fragte den Adler: Warum erziehst du deine
Спрашивали Орла: Зачѣмъ воспитываешь ты твоихъ

Jungen so hoch in der Luft? Der Adler antwortete:
птенцевъ такъ высоко въ воздухѣ? Орёлъ отвѣчалъ:

Würden sie sich, erwachsen, so nahe zur Sonne wagen,
Развѣ они ↗, выросши, такъ близко къ солнцу осмѣлились-бы (летать),

wenn ich sie tief an der Erde erzöge?
ослабъ я ихъ внизу на землѣ воспитывалъ?

---

26. Der junge und der alte Hirsch.
Молодой и старый Олень.

Ein Hirsch, den die gütige Natur Jahrhunderte hatte
Олень, которому добрая природа столѣтія вл.

leben lassen, sagte einst zu einem seiner Enkel:
жить давала (оставила), сказалъ однажды одному (изъ) своихъ внуковъ:

Ich kann mich der Zeit noch sehr wohl erinnern, da der
Я могу себѣ время еще очень хорошо припомнить, когда

Mensch das donnernde Feuerrohr noch nicht erfunden
человѣкъ гремящаго ружья (огневной трубы) еще не изобрѣлъ.

hatte.

Welche glückliche Zeit muß das für unser Geschlecht
Какое счастливое время должно это для вашего рода

gewesen sein! seufzte der Enkel. Du schließest
было быть! Со вздохомъ замѣтилъ внукъ. Ты дѣлаешь заключеніе

zu geschwind! sagte der alte Hirsch. Die Zeit war
слишкомъ скоро! сказалъ старый Олень. Время было

anders, aber nicht besser. Der Mensch hatte da, anstatt des
другое, но не лучшее. Человѣкъ имѣлъ тогда, вмѣсто

Feuerrohrs, Pfeile und Bogen; und wir waren eben so schlimm
ружья, стрѣлы и лукъ; и намъ было столь же худо

daran, als jetzt.
притомъ, какъ теперь.

---

27. Der Pfau und der Hahn.
Павлинъ и Пѣтухъ.

Einst sprach der Pfau zu der Henne: Sieh einmal, wie
Однажды сказалъ Пѣтухъ Курицѣ: Посмотри-ка, какъ

hochmüthig und trotzig dein Hahn einher tritt! Und doch
надменно и дерзко (нагло) твой Пѣтухъ выступаетъ! И однако

sagen die Menschen nicht: der stolze Hahn; sondern nur
(не) говорятъ люди ( ): гордый Пѣтухъ; но только

immer: der stolze Pfau.
всегда: гордый Павлинъ.

Das macht, sagte die Henne, weil der Mensch
Это происходитъ, сказала Курица, оттого, что человѣкъ

einen gegründeten Stolz übersicht. Der Hahn ist auf seine
основательной гордости не замѣчаетъ. Пѣтухъ своею

Wachsamkeit, auf seine Mannheit stolz; aber worauf Du? —
бдительностью, своимъ мужествомъ гордится; а чѣмъ ты? —

Auf Farben und Federn.
— пестротою и перьями.

---

28. Der Hirsch.
Олень.

Die Natur hatte einen Hirsch von mehr als gewöhnlicher
Природа Оленя болѣе обыкновенной

Größe gebildet und an dem Hals hingen ihm lange Haare
величины создала и на шеѣ свѣшивались ему длинные волосы

herab. Da dachte der Hirsch bei sich selbst: Du könntest dich
Тогда думалъ Олень про себя (самаго): Ты можешь себя

ja wohl für ein Elend ansehen lassen. Und was
вѣдь (конечно) за Лося показать (выдавать). И что

that der Eitele, ein Elend zu scheinen? Er hing den
сдѣлагъ тщеславный, Лосемъ чтобъ казаться? Онъ опустилъ

Kopf traurig zur Erde und stellte sich, sehr. oft das böse
голову печально къ землѣ и притворился, весьма часто падучую

Wesen zu haben. — So glaubt nicht selten ein witziger Geck,
болѣзнь имѣть. Такъ думаетъ не рѣдко остроумный вертопрахъ,

daß man ihn für keinen schönen Geist halten werde, wenn er
что его за не остроумнымъ считать будутъ, если онъ

nicht über Kopfweh und Hypochonder klage.
( ) на головную боль и иппохондрію (не) жалуется.

---

29. Der Adler und der Fuchs.
Орелъ и Лисица.

Sei auf deinen Flug nicht so stolz! sagte der Fuchs
(Не) будь твоимъ полётомъ ( ) такъ гордъ! сказала Лисица

zu dem Adler. Du steigst doch nur deswegen so hoch
Орлу. Ты поднимаешься однако только для того такъ высоко

in die Luft, um dich besto weiter nach einem Aase umsehen
въ воздухъ, дабы ➡ тѣмъ дальше на падаль осматриваться
zu können. So kenne ich Männer, die tiefsinnige
можно было. Такъ, знаю я людей, которые глубокомысленными
Weltweise geworden sind, nicht aus Liebe zur Wahrheit,
мудрецами сдѣлались не изъ любви къ правдѣ (истинѣ),
sondern aus Begierde zu einem einträglichen Lehramte.
только изъ страстнаго (желанія) къ прибыльной учительской должности.

30. Der Schäfer und die Nachtigall.
Пастухъ и Соловей.

Du zürnest, Liebling der Musen, über die laute Menge
Ты сердишься, любимецъ Музъ, на шумную толпу
des parnassischen Geschmeißes? — O höre von mir, was einst
парнасскаго сброда? О, выслушай отъ меня, что однажды
die Nachtigall hören mußte.
Соловей выслушать долженъ былъ.

Singe doch, liebe Nachtigall! rief ein Schäfer der
Пой же, любезный Соловей! воскликнулъ Пастухъ
schweigenden Sängerin an einem lieblichen Frühlingsabende zu.
умолкнувшему пѣвцу въ одинъ прекрасный весенній вечеръ ⬅.
Ach! sagte die Nachtigall, die Frösche machen sich so laut,
Ахъ! сказалъ Соловей, лягушки становятся такъ крикливы,
daß ich alle Lust zum Singen verliere. Hörst du sie
что я всю охоту къ пѣнію теряю. Развѣ (не) слышешь ты ихъ
nicht? Ich höre sie freilich, versetzte der Schäfer. Aber nur
( )? Я слышу ихъ, конечно, возразилъ Пастухъ. Но только
dein Schweigen ist Schuld, daß ich sie höre.
твое молчаніе виною [тому], что я ихъ слышу.

Ende.
Конецъ.